KB124771

외모 강박

이 책은 2019년도 건국대학교 KU학술연구비 지원을 통해 마련되었습니다.

"나를 기쁘게 하지
못하는 몸"

외모 강박

김종갑 지음

은행나무

들어가며 아름답고도 기쁜 몸

나는 기쁨이 최고의 미덕이며 진리라고 믿고 있다. 진리가 우리를 자유롭게 할 것이라는 금언이 있지만 기쁨이 없는 진리는 진리가 아니다. 기쁨이 오늘의 소식이고 양식이며 진리여야 한다. 행복하지 않다는 느낌이 든다면, 그것은 내가 거짓된 삶을 살고 있다는 증거이다. 기쁨이 모든 것이다.

기쁨은 삶이 아름답고 참되다는 증거이다. 입으로 말하지 않아도 기쁨은 빛처럼 밖으로 드러난다. 얼굴 표정과 걸음걸이, 자세가 기쁨을 말해준다. 기쁨은 그 자체가 증거이기 때문에 "왜?"라는 설명이나 변명을 필요로하지 않는다.

기쁘면 모든 것이 아름답게 보인다. 나 스스로도 아름답게 느껴진다. 내가 아름다워야 세상도 아름답다.

기쁨의 반대는 고통과 추함이다. 슬픔과 우울, 열등감, 무기력함이다. 감추려고 해도 고통과 우울은 밖으로 드러난다. 얼굴 표정과 걸음걸이, 자세에서 고통이 묻어나온다. 고통은 내가 잘못 살고 있다는 증거이다.

우리는 이미지와 외모가 범람하는 시각문화에 살고 있다. 외모가 무엇인가? 외모는 밖으로 드러난 몸이다. 몸이 없으면 외모도 없다. 진실은 외모로 드러난다. 기쁨은 아름다움으로, 고통은 추함으로 스스로를 드러낸다. 외모는 아름다움과 추함으로 몸된 기쁨과 고통을 표현한다.

나는 모든 사람들이 기쁘고 아름답기를 바라는 마음으로 이 책을 쓰게 되었다. 외모의 진실은 몸이며, 몸의 진실은 기쁨이고, 기쁨의 진실은 아름다움이다. 아름다움과 기쁨은 떼어놓을 수가 없다. 굳이 묻는다면 아름다움보다 기쁨이 먼저이다. 기쁨의 효과가 아름다움이다.

우리는 아름답기를 바란다. 아름다운 몸을 만들기 위해 노력을 한다. 그러나 중요한 것은, 기쁨이 없는 아름다움은 존재하지 않는다는 사실이다. 아름다운 몸을 만들기 전에 기쁨을 찾기 위해 노력해야 한다. 스탕달은 "아름다움은 행복의 약속이다"라고 말했다. 그러나 약속만으로는 충분하지 않다. 우리 자신이 아름답고 행복한 몸이 되어야 한다.

만발한 코스모스 꽃밭을 보라. 코스모스는 각각 키와 모양, 색깔이 모두 다르다. 언뜻 똑같아 보이는 코스모스도 자세히 보면 차이가 크게 드러난다. 스스로에게 질문을 해보자. 이 많은 코스모스 가운데 어떤 것이 가장 아름다

어떤 코스모스가 아름다운가?

모든 코스모스는 다 제각기 아름답다. 코스모스의 생김새에는 어찌어찌해야 한다는 기준이 없다. 기준이 없으면 비교할 수도 없다.

운가? 아니, 이런 질문은 질문의 자격이 있을까? 모든 코스모스는 다 제각기 아름답기 때문이다. 이 코스모스는 이래서 아름답고 저 코스모스는 저래서 아름답다, 빨간색은 빨간색이라서 아름답고 분홍색은 분홍색이라서 아름답다, 분홍색 코스모스를 가리키면서 그것이 분홍색이기 때문에 추하다 하고 말할 수 있을까? 없다. 코스모스의 생김새에는 어찌어찌해야 한다는 기준이 없기 때문이다. 기준이 없으면 비교를 할 수도 없다. 이것이 저것보다 더 아름답다고 판단할 수가 없는 것이다.

이렇게 비교와 평가가 불가능한 것이 자연의 아름다움이다. 장미는 장미이기 때문에 아름답고 매화는 매화이기 때문에 아름답다. 물론 꽃에 대한 각자의 취향이 다를 수는 있다. 우리는 소박하고 단아하다는 이유로 코스모스를 장미보다 더 좋아할 수는 있다. 그렇지만 취향은 지극히 개인적인 것이다. 자기의 취향을 다른 사람에게 강요할 수는 없다.

곰이나 늑대, 여우, 독수리, 참새와 같은 동물들은 어떠한가? 어떤 동물은 다른 동물보다 아름답다고 말할 수가 있을까? 우리 주위에서 볼 수 있는 참새를 생각해보자. 열 마리의 참새가 마당에서 모이를 먹고 있다고 하자. 이때 우리가 예쁜 참새들과 그렇지 않은 참새들을 구별할 수가 있을까? 미스유니버스 선발대회처럼 아름다움의 순서로 참새들의 순위를 매길 수가 있을까? 없다. 우리는 참새들의 아름다움을 비교할 수 있는 기준을 가지고 있지 않다. 기준이 없으면 아름다움과 추함의 구분도 있을 수가 없다.

그렇다면 강아지는 어떠할까? 강아지들에 대해서 아름다움의 우열을 가릴 수가 있을까? 위의 두 사례처럼 가릴 수가 없을까? 대답하기 전에 잠시 멈춰서 생각을 해보자. 주위에서 우리는 애견숍이나 애견미용실을 심심치 않게 볼 수 있다. 애완견의 털이 너무 길게 자라면 사람들은 미용실에 데려가서 털을 잘라준다. 옷을 입혀주기도 한다. 그리고 애견미용대회라는 행사도 있다. 강아지의 아름다움에 대한 기준이 없으면 애견미용대회라는 것이 열릴 수 없으며, 애견미용실도 생겨날 수가 없었을 것이다. 우리는 강아지의 아름다움과 추함을 따지는 사회에 살고 있다. 우리는 코스모스나 참새에 대해서 그러하였듯이 강아지를 아무런 선입관이 없이 바라보지 않는다. 어떠어떠해야 예쁘다는 기준을 가지고 강아지를 바라보는 것이다. 어떤 강아지는 털이 너무 길다거나 어떤 강아지는 목욕을 시켜주지 않아서 너무 더럽다는 식으로 촌평을 하기도 한다.

자연에는 아름다움과 추함의 기준이 없다. 자연의 모든 동식물은 생긴 대로 살다가 생긴 대로 생을 마감한다.

그러나 인간은 자연이 아니라 문화 속에서 산다. 문화는 구별과 차별의 공간이다. 바둑판처럼 사회가 좌와 우, 상과 하, 우와 열, 백과 흑, 선과 악 등으로 나뉘어져 있는 것이다. 그 가운데는 필요한 구별도 있다. 그러나 미와 추처럼 불필요하고 해로운 구별도 있다. 최악의 경우에 이러한 구별은 차별이 된다. 사람과 사람의 차이가 미와 추로 차별화되는 것이다. 이에 따라서 이익과 불이익, 성공과 실패의 차별도 생겨난다. 외모의 차이가 차별로 발전한 것이 외모지상주의이다. 획일적인 미의 기준이 지배하는 사회는 불행한 사회이다. 필자는 우리가 이러한 아름다움의 전횡과 독재로부터 벗어나기를 희망하면서 이 책을 썼다.

예쁜 참새와 그렇지 않은 참새를 구별할 수 있을까?

인간은 자연이 아니라 문화 속에서 산다. 문화는 구별과 차별의 공간이다. 필요한 구별도 있지만 최악의 경우, 구별은 차별이 된다.

①

나는 왜 아름답지 않은가?

외모 실험

이 책을 읽기 전에 다음과 같은 사유 실험을 독자에게 제안하고 싶다. 인터넷 창을 열고 많은 사람들의 얼굴이 보이는 사진을 하나 골라보라. 광장에 운집한 군중, 지하철의 승객들도 좋다. 아무 사진이라도 상관이 없지만 자신이 알지 못하는 사람들이어야 하고, 얼굴의 표정이 보여야 한다. 이제 그 사람들이 나를 보고 있다고 상상을 해보라. 그리고 그들이 나에게 호감을 가진 것처럼 보이는지 아닌지 스스로 질문을 하라.

또 하나의 실험을 해보자. 집을 떠나 여행을 하다가 낯선 곳에서 길을 잃고 지갑과 휴대전화까지 잃었다. 주머니에는 동전 한 푼도 없다. 공중전화도 할 수 없다. 이러한 상황에서 어떻게 해야 할까? 속수무책이라 눈앞이 캄캄해지는가? 아니면 오가는 사람들에게 도움을 청하면 되기 때문에 걱정하지 않아도 되는가?

위의 실험을 제안한 이유는 다음과 같다. 우리는 대한민국 사람들이다. 그러나 나이와 성별, 얼굴, 체형, 성격이 모두 다른 사람들이다. 대한민국은 하나이지만 대한민국 사람들은 5,000만으로 각인각색이다. 그리고 사람마다 세상을 다르게 본다. 어떤 사람에게는 세상이 친절하고 아름답지만 다른 사람에게는 세상이 각박하고 매정하게 느껴질 수도 있다. 사람에 따라서 세상이 달리 보이는 것이다. 이

점에서 우리나라에는 5,000만의 서로 다른 세상이 있다. 그 5,000만의 세상 가운데 우리가 사는 세상이 밝고 아름다우며 서로 믿고 신뢰할 수 있는 세상이라면 얼마나 좋겠는가. 아니, 정확히 말해서 우리 눈에 세상이 그렇게 보인다면 얼마나 좋겠는가. 독자들은 어떤 세상에 살고 있는가?

다시 사진 속 인물들을 생각해보자. 사람들의 성별은 생각하지 않아도 금방 알 수 있다. 나이도 어렵지 않게 짐작할 수 있다. 이에 대해서는 의견이 크게 갈리지도 않을 것이다. 그러나 각각의 인물들이 가진 성격이나 외모에 대해 물어보면 사람마다 대답이 달라질 것이다. 같은 사람에 대해서도 선하고 친절하다고 평하는 사람이 있는가 하면 냉정하고 차갑다고 평하는 사람도 있을 것이다. 그가 자신을 만나면 호감을 가질 것이라고 생각하는 사람이 있는가 하면 그렇지 않다고 생각하는 사람도 있다. 그렇다면 사진 속 인물들 중 몇 명이나 나에게 호의적으로 대할까? 그에게 나의 사정 이야기를 해도 좋을까? 지갑을 잃어버렸다는 사실을 얘기하고 차비를 빌려달라고 하면 기꺼이 도와줄까?

낯선 장소에서 지갑과 휴대전화까지 잃으면 당황하지 않을 사람은 세상에 없을 것이다. 막막하고 다리에 힘이 풀릴 수도 있다. 그러나 대수롭지 않게 생각하는 사람들도 있다. 지나가는 사람을 아무나 붙잡고 전화 좀 빌려달라고 부탁할 수도 있지 않은가. 행인이 없으면 편의점에

사진 속 인물들은 나에 대해 어떻게 생각할까?

낯선 사람에게 나라는 존재는 '외모'가 전부이다. 그는 나에게 호감을 가질
수도 그렇지 않을 수도 있다. 낯선 상황에서는 외모지상주의적이 된다.

들어가서 주인에게 도움을 청할 수도 있다. 편의점도 보이지 않으면 가정집의 문을 두드릴 수도 있지 않을까? 비록 지갑과 휴대전화를 잃어버렸지만 주위에는 나에게 도움을 줄 사람들이 많이 있는 것이다. 그러나 그렇게 생각하지 못하는 사람들도 있다. 누군가를 붙잡고 도움을 청해도 그가 자신을 도와주리라는 생각이 들지 않는 것이다. 각자 자기 일에 바쁜 사람들인데 누가 자기의 말에 귀를 기울인단 말인가. 어쩌면 자기를 사기꾼으로 볼 수 있지 않을까?

우리는 매일 셀 수 없이 많은 사람들과 만난다. 대부분 모르는 사람들이다. 얼굴만 보고서는 그 사람의 성격이나 마음을 짐작하기가 어렵다. 보이는 것은 외모밖에 없다. 그것은 나에 대해서도 마찬가지이다. 낯선 사람에게 나는 외모가 전부이다. 그는 나에게 호감을 가질 수도 있고 그러지 않을 수도 있다. 나를 사기꾼으로 볼 수도 있다. 아무튼 이와 같이 낯선 상황에서는 외모가 전부이다. 문제는, 외모로 인해서 내가 이익이나 불이익을 받을 수도 있다는 사실이다. 만약 내 얼굴이 너무나 험상궂으면 사람들은 나와 눈길이 마주치는 것도 겁을 낼 수 있다. 도움을 청하려는 나를 시비를 걸고 행패를 부리는 건달로 착각할 수도 있다.

이처럼 낯선 상황에서는 외모지상주의적이 된다. 영어의 루키즘lookism을 우리말로 옮기면 외모주의外貌主義,

외모차별주의, 혹은 외모지상주의이다. 눈으로 보이는 외모를 가지고 사람을 판단하는 태도, 얼굴 생김새로 사람을 판단하는 경향을 말한다. 일부 소수가 아니라 대다수가 외모로 사람을 판단하고 차별한다는 점에서 그것은 개인적 태도나 성향이 아니라 사회적 관행이 된다. 그런데 생각해 보면 그 외에는 다른 방법이 없다는 것을 알 수 있다. 낯선 상황에서 우리에게 주어지는 정보는 외모 외에 다른 것이 없다. 상대방을 외모로 판단할 수밖에 없다. 판단을 잘못하면 커다란 불이익을 당할 수도 있다.

앞서 호감을 주는 사람과 그렇지 않은 사람이 있다고 말했는데, 호감형과 비호감형이라는 용어는 인간관계에 대해서 많은 것을 말해준다. 호감형은 낯선 상황에 있어도 유리하다. 오갈 곳이 없는 막다른 궁지에서도 지나치게 낙담할 필요가 없다. 어디를 가더라도 환영을 받기 때문이다. 사람들이 도와주지 못해서 안달할 수도 있다. 그는 믿고 신뢰할 수 있는 아름다운 세상에 살고 있는 것이다. 그런데 비호감형인 사람에게도 세상이 그렇게 아름답게 비칠까? 사람들이 소가 닭 보듯이 자신을 외면하면 그는 세상에 '믿을 놈 하나도 없다'고 생각할 것이다.

우리가 호감형 외모를 갖고 싶어 하는 이유는 이루 다 헤아릴 수 없다. 외모가 아름다우면 얼마나 좋겠는가. 세상 사람들이 다 나를 보고 좋아하지 않겠는가. 물론 반드시 그렇지 않다고 하더라도 외모가 뛰어나면 여러 점에서 유리하다는 사실에는 의심의 여지가 없다. 대니얼 해머메시Daniel Hamermesh라는 학자는 《미인 경제학: 아름다운 사람이 더 성공하는 이유Beauty Pays: Why Attractive People Are More Successful》라는 책의 저자인데, 그는 눈이 번쩍 뜨일 만큼 아름다운 사람은 인구의 약 2.5%를 차지한다고 했다. 그의 분류에 따르면 아름다운 사람은 인구의 29%, 그런대로 괜찮은 사람은 55%, 별로인 사람은 15%이다. 여러분은 그의 평가에 동의하는가? 그렇다면 여러분은 자신의 외모를 어떻게 생각하고 있는가? 스스로 자신의 외모에 만족하고 있는가? 준수한 편이라고 생각하는가? 여러분은 세상 사람들이 모두 선하고 친절하다고 믿고 있는가? 아니면 세상에 믿을 놈이 하나도 없다고 생각하는가?

망치를 든 사람의 눈에는 모든 것이 다 못으로 보인다는 말이 있다. 착한 사람의 눈에는 세상이 다 선하게 보이고 아름다운 사람의 눈에는 세상이 다 아름답게 보일 것이다.

외모 불만족 사회

우리는 외모의 아름다움을 강조하는 사회에 살고 있다. 외모도 스펙이라고 하며, 외모 콤플렉스에 시달리는 청소년도 적지 않다. 우리는 남들이 자신을 매력적으로 보기를, 멋지다는 소리를 듣기를 바란다. 적어도 못생겼다는 소리를 듣고 싶지는 않다. 성형을 해야 되겠다거나 살을 빼야 한다는 등의 핀잔을 듣고 싶지도 않다. '이왕이면 다홍치마'라는 속담도 있지 않은가.

우리는 외모 가꾸기에 열심이다. 화장품과 피부 관리, 옷, 헤어스타일, 운동 등 노력해야 할 것들이 많다. 거울도 자주 들여다본다. "거울아, 거울아, 세상에서 누가 가장 아름답니?"라고 거울에게 물었던 백설 공주의 엄마도 생각이 난다. 왕비라면 세상에서 가장 아름다워야 하지 않겠는가! 그런데 문제는 거울이다. 거울은 청개구리이고 심술쟁이이다. 나의 장점보다는 단점을 더 잘 보여준다. 거울을 많이 보면 볼수록 내 얼굴의 흠이 더욱 많이 보인다. 심하면 신체이형장애도 생길 수가 있다. 내가 실제보다 더욱 못나 보이는 것이다.

최근에 우리나라 10대 여학생의 77%가 자신의 외모에 만족하지 못한다는 기사가 있었다.* 한국을 비롯한 아시아 9개국의 15~17세 여학생 1,000여 명을 대상으로 조사한 결과이다. 77%라면 10명 가운데 8명이 자신의 외모

---

* 기사 「한국 10대 77%가 외모에 불만족」-〈동아일보〉 2006년 10월 08일 게재.

에 불만이라는 이야기이다. 자신의 외모를 창피하게 생각하는 것이다. 그러면 가만히 있을 수가 없다. 외모를 향상시키기 위한 활동에 돌입한다. 50%의 학생들이 17세 이전에 다이어트를 시작했으며, 57%는 앞으로 성형할 의향을 가지고 있다고 한다. 다른 나라에 비해서 우리나라 여학생들이 자신의 외모에 대한 불만이 가장 많다고 한다.

위의 조사 결과를 100% 신뢰하지는 않지만 아무튼 많은 사람들이, 특히 청소년들이 외모로 스트레스를 많이 받고 있다는 것은 의심의 여지가 없다. 물론 스트레스가 아예 나쁜 것은 아니다. 적당한 스트레스는 삶에 활력을 주고, 또 자기 관리에도 도움이 될 수 있다. 그러나 지나친 스트레스는 치명적인 독이 된다. 자존감이 떨어지고 어깨가 처지며 사람들과 만나는 것도 자신이 없어서 외출도 꺼리게 된다. 사람들이 자기 외모를 손가락질하며 비웃는다는 생각이 들 수도 있다.

우리가 아름다워지고 싶은 가장 큰 이유는 '자신감을 높이기 위해서'이다.[*] 취업이나 승진, 결혼, 성공 등에서 유리하기 때문이기도 하다. 아름다우면 더욱 기쁘고 행복할 것이라는 기대도 있다. 그런데 아름다워지면 과연 자신감

---

[*] 기사 「韓여성 61% "내 외모에 불만족" … 42%가 미용시술 경험 '세계 1위'」-〈조선일보〉 2016년 3월 2일 게재.

과 자존감이 더 높아질까? 아름다우면 더욱 행복해질까? 이것은 인과관계에 대한 질문이다. 대답은 '그렇지 않다' 이다. 아름다움과 행복의 관계는 요즘 많은 학자들이 연구하는 주제 중 하나이다. 앞으로 다시 이야기하겠지만 미리 결론을 말하면, 아름다움의 비밀은 외모가 아니라 행복에 있다. 사람들은 아름답기 때문에 행복해지는 것이 아니다. 행복하기 때문에 아름답게 보이는 것이다. 아름답다고 해서 자신감과 자존감이 높아지는 것은 아니다. 자존감이 높아지면 아름답게 보인다.

앞서 호감형 외모에 대해서 물었다. 객관적으로 보여줄 수 있는 호감형의 얼굴에는 어떤 특징이 있을까? 아름다움은 객관적일까? 아니면 주관적일까? 이 질문에 대한 논쟁은 아직도 끝나지 않고 계속되고 있다. '제 눈에 안경'이라는 속담도 있지만 아주 뛰어난 미남과 극단적인 추남 같은 경우에는 그런 속담이 적용되지 않는다. 누가 보더라도 미남은 미남이고 추남은 추남이다. 미국의 연예사이트 〈더 인사이더The Insider〉는 매년 할리우드의 추남·추녀를 발표하는데 2010년에 미국의 록 스타인 마릴린 맨슨을 최고 추남으로 선정했다. 그의 사진과 톰 크루즈의 사진을 비교해보는 것으로 충분하다. 세상의 어느 누구도 마릴린 맨슨이 톰 크루즈보다 더 아름답다고 말하지는 않을 것이다. 이보다 더 명명백백할 수는 없다. 그러나 양극단이 아니라 중간 지점으로 시선을 옮기면 아름다움과 추함의 차이가 점점 불분명해진다. 애매모호해지는 것이다. 톰 크루즈와 맷 데이먼, 톰 행크스, 세 사람 가운데 누가 가장 멋있는가? 사람의 취향에 따라서 답이 달라질 수가 있다.

그런데 외모가 아름다운 사람이 반드시 호감형일까? 외모가 아름다우면 반드시 매력적일까? 그렇지는 않다. 외모가 수려하고 아름답지만 매력이 없는 사람도 적지 않다. 반면에 외모는 초라하지만 매력이 넘치는 사람도 있다. 독자 여러분은 어떤 외모를 갖기를 바라는가? 매력인가? 아름다움인가? 여러분은 행복을 바라는가? 아니면 아름다움을 바라는가?

나는 독자 여러분이 모두 행복하고 아름답기를 바란다. 기쁨이 없는 삶은 끔찍한 것이다. 아름다움이 없는 삶도 마찬가지로 끔찍할 것이다. 외모는 사소한 것이 아니다. 외모를 가꾸는 사람을 보고 외모처럼 사소한 일에 신경을 쓴다고 핀잔을 주는 사람들도 있다. 잘못된 생각이다. 외모는 중요하다. 외모가 바로 정체성이기 때문이다. 외모를 보지 않으면 심지어 가족도 알아볼 수가 없다. 외모란 무엇인가? 겉으로 보이는 몸, 밖으로 드러난 몸이다. 표현된 몸이 외모이다. 이 점에서 외모는 언어이고 의미이다. 우리는 사람들과 만나서 말로만 소통하지 않는다. 몸으로도 소통을 한다.

외모 강박증에 시달리는 한국인

　누군가가 사람은 가장 망가지기 쉬운 동물이라고 그랬다. 맞는 말이다. 우선 인간은 세상의 어떤 동물보다도 성장이 더디다. 그리고 세상의 어떤 동물보다도 더 의존적이다. 출생 후 10년 이상 부모의 양육을 받아야 생존이 가능하다. 처음에는 부모에게 의존하고, 다음에는 친구와 연인에게 의존하기 시작한다. 이러한 관계가 조금이라도 삐끗하거나 어긋나면 망가지기 시작한다. 신경증이나 강박증, 콤플렉스, 우울증도 생긴다. 더욱 망가지면 중독으로 발전한다.

　망가지기가 쉽기 때문에 우리는 망가지지 않기 위해서 끊임없이 노력을 한다. 그런데 문제는 그러한 노력이 우리를 더욱 망가뜨릴 수 있다는 사실이다. 그중의 하나가 외모 강박증이다. 자기 외모에 조금이라도 불만이 없는 사람은 한 명도 없다. 세계에서 최고로 아름답다고 소문난 스타들도 자기 몸에 대해서 한두 가지 불만을 가지고 있다. 불만은 '너무나'로 표현된다. 너무나 크거나 너무나 작고, 너무나 말랐거나 너무나 뚱뚱하고, 너무나 코가 높거나 너무나 코가 낮다. 남들은 부러워하는 나의 피부색이나 입모양이 정작 나 자신에게는 너무나 어둡거나 너무나 크게 보일 수 있다. 그렇게 생각하고 거울을 보면 진짜로 너무나 어둡거나 너무나 크게 보인다. 생각하는 대로 보이는 것이다. 다행히 방법이 없는 것은 아니다. 밝게 보이고 작게 보이도록 화장을 하면 된다. 그렇다고 불만이 해소된 것은 아니다. 조금이라도 땀이 흐르면 화장이 지워질 수 있고 웃으면 입이 더 커 보일 수가 있다. 신경이 쓰이고 걱정이 된다. 그래서 혹시나 화장이 망가졌나 확인하기 위해서 거울을 자주 보게 된다. 친구와 이야기하는 자리에서도 자꾸만 입모양에 신경이 쓰인다. 외모에 대한 자의식이 온종일 붙잡고 놔주지를 않는 것이다. 집에 와서 혼자 있어도 마찬가지이다. 먼저 화장실로 달려가서 거울을 본다. 이것이 외모 강박증이다.

우리나라에는 외모 강박증을 가진 사람들이 많다. 자기 외모에 만족하지 못하고 외모를 자주 의식하는 사람들은 강박증적 성향이 강하다. 물론 외모를 자주 의식한다고 해서 강박증 환자라는 것은 아니다. 일상생활이나 대인관계에 지장이 없으면 괜찮다. 강박증적 성향과 강박증은 같지 않다. 필자도 강박증적인 성향을 가지고 있다. 중독 성향도 있다. 대부분의 사람들은 그러한 성향을 조금씩은 가지고 있다. 그러나 병원에 가서 치료를 받을 정도로 증상이 심한 사람들은 많지 않다.

강박증은 나 스스로 원하지 않는 생각이나 행동을 자꾸 반복적으로 하는 현상을 말한다. 그러한 불안이 생각으로만 끝나는 사람이 있는가 하면 불안을 해소하기 위해 행동으로 반복하는 사람도 있다. 가장 흔한 강박증 중 하나가 청결 강박증이다. 영화 〈에비에이터The Aviator〉의 주인공은 조금이라도 방심하면 병원균에 오염되지 않을까 하는 두려움을 가지고 있다. 사람들과 접촉하거나 악수하는 것을 꺼리고, 화장실 변기에 앉는 것도 불안해한다. 이런 불안을 떨치기 위해서 그는 끊임없이 비누로 손을 씻는다. 가볍게 씻는 것이 아니라 비누로 빡빡 문질러서 오랫동안 정성스럽게 씻는다. 괴팍하기로 유명했던 천재 피아니스트 글렌 굴드Glenn Gould는 평생 세균 감염에 대한 불안감을 달고 살았다. 하루에도 몇 번씩 혈압을 재고 엄청난 양의 약을 복용하고, 악수는 물론이고 사람들과 신체가 닿는 것조차 싫어했다. 이러한 청결 강박과 다른 유형으로 확인 강박도 있다. 문을 잠근 것을 확인했으면서도 혹시나 문이 열려 있을지 모른다는 불안감에 계속 반복적으로 문단속을 하는 것이다.

외모 강박증은 자신의 신체에 결함이 있다는 불안감에서 벗어나지 못하고 있거나, 그러한 불안을 떨치기 위해서 외모 가꾸기를 반복하는 현상이다. 이렇게 외모에 집착하는 사람들은 외모와 무관한 것들도 외모 탓으로 돌리려고 한다. 모든 길이 로마로 통하듯이 모든 일의 해답을 외모에서 찾는 것이다. 친구를 잘 사귀지 못하는 이유는 외모가 원인이고, 직장에 잘 적응하지 못하는 이유도 외모가 원인이다. 실제로 외모에 결함이 있어서가 아니다. 그렇게 생각하기 때문이다. 생각을 많이 하면 할수록 더욱더 자신의 외모에 대한 자신감이 없어진다. 그러한 자신이 싫어서 외모에 대한 생각을 떨치려고 하지만 그렇게 노력하면 할수록 더욱 외모에 강박적으로 사로잡힌다. 거울을 봐도 자신의 못난 점만 보이고, 눈에 띄지 않는 작은 반점 하나도 나중에는 손바닥만큼 크게 느껴진다. 외모에 대한 불만을 혹처럼 달고 다니는 것이다. 스트레스로 인해서 안면통과 근육경련까지 생기는 사람도 있다.

'아는 만큼 보인다'는 말이 있는가 하면 '아는 것이 병'이라는 말도 있다. 외모강박은 앎이 병이 되고 고통이 되는 경우이다. 너무나 바빠서 외모에 신경을 쓸 시간이 없는 사람들은 어떠한 얼굴과 몸매가 아름다운지, 어떠한 화장품이 좋은지 알지 못한다. 알지 못하기 때문에 자신의 외모에 대해서 생각조차 하지 않는다. 거울에 비친 자신의 모습이 이상형에 가까운지 아닌지 비교해볼 생각도 하지 않는다. 아름다운 외모의 기준을 모르는 사람은 태어난 대로, 그냥 자기 생긴 대로 살아가면 된다. 비교하고 대조해 보지 않으면 자신의 외모에 불만을 가질 이유가 없다. 모르는 것이 약이라고 하지 않던가.

세계 각국의 외모 만족도 조사에 대해 한 번쯤 들어봤을 것이다. 이러한 조사는 한편으로는 외모에 대한 지식과

관심, 다른 한편으로는 그 관심과 만족도가 반비례한다는 사실을 알려준다. 지식수준이 낮고 경제적으로 여유가 없는 나라일수록 그 나라의 사람들은 자신의 외모에 만족하는 경향이 강하다. 2015년에 독일의 시장조사기관 GfK가 우리나라를 포함해서 '미국, 중국과 일본, 독일, 멕시코 등 총 22개국의 15세 이상 남녀 2만 7,000명을 대상으로' 외모 만족도에 대해 조사를 했다. '멕시코인이 외모에 관한 자신감이 가장 높았고, 일본인이 가장 열등감이 큰 것으로 나타났다.' 물론 우리나라도 최하위권에 속했다.* 우리나라 사람들은 외모와 화장, 미용, 다이어트, 성형 등에 대해서 너무 많은 지식을 가지고 있다. 그리고 이 앎이 병이 되는 것이다.

'S라인'이라는 말이 없으면 우리는 몸매를 S라인으로 만들려고 노력하지 않는다. 만약 우리가 타임머신을 타고 조선시대로 가서 가슴과 허리, 엉덩이의 S라인이 아름답다는 말을 했다면 당시 사람들은 우리를 정신병자 취급했을 것이다. 가슴과 엉덩이라는 말 자체를 발칙하게 생각했을 것이다. 신장에 알맞은 체중이 있다는 말에도 고개를 흔들었을 것이다. 굳이 조선시대를 예로 들 필요도 없다. S라인

*   기사 「한국인, 외모 만족도 세계 최하위권 … 1위는 멕시코」-
       〈서울신문〉 2015년 6월 3일 게재.

이라는 용어는 2000년 이후에야 등장했다. 최근 외모 관련된 신조어가 이루 헤아릴 수 없이 많이 생겨나고 있다. 우리는 외모의 아름다움에 대해서 너무나 많은 것을 알게 되었다. 우리는 엉덩이를 그냥 엉덩이로 보지 않는다. 처지지 않고 올라간 복숭아 엉덩이가 아름답다는 생각을 하면서 엉덩이를 본다. 자신의 엉덩이가 내려갔다고 여겨지면서 엉덩이를 올리는 운동을 해야겠다고 다짐을 한다. 그러한 운동법의 종류는 두 손으로 꼽을 수 없을 정도로 많다.

일단 외모에 한번 신경을 쓰기 시작하면 악순환에서 빠져나올 수가 없다. 엉덩이가 만족할 만한 수준에 이르렀다면 그다음은 허벅지다. 다리도 아름다운 선을 유지해야 한다. 물론 그것으로 끝나지 않는다. 몸의 또 다른 부위들이 줄지어서 기다리고 있는 것이다. 이러한 모든 과정을 거치며 외모 관리에 중독되기 시작한다.

외모를 가꾸지 말아야 한다는 말을 하려는 것이 아니다. 외모를 가꾸는 것은 중요한 일이다. 그러나 외모 관리가 강박과 중독으로 발전하도록 자신을 방치해두면 안 된다. 우리는 다른 사람들에게 호감을 주기 위해서 외모를 가꾸고 운동과 다이어트를 한다. 그러나 외모만 아름답다고 해서 다른 사람에게 호감을 주는 것은 아니다. 사교적이고 성격도 좋아야 하며 자신감도 있어야 한다. 공부든 사업이든 자기가 하는 일도 잘해야 한다. 다시 말해 균형을 유지해야 한다. 그런데 문제는 그러한 균형 유지가 쉽지 않다는 점이다. 앞서 말했듯이 사람은 망가지기 쉬운 동물이다. 다시 말해서 균형이 깨지기 쉬운 동물이다. 외모 강박에 빠지면 외모 외에 다른 것은 보이지 않는다.

알코올 중독자는 술을 좋아하는 사람을 말하는 것이 아니다. 술을 마시지 않으면 일상적 활동도 하지 못할 정도로 술에 대한 의존도가 강한 사람을 말한다. 화장 중독에 빠진 사람은 화장을 하지 않으면 밖으로 나가지 못하는 사람이다. 성형 중독에 빠진 사람은 이미 충분히 아름다우면서도 자신의 몸에서 성형할 부위를 계속 찾아 헤맨다. 쇼핑 중독자는 주문했던 상품이 도착하기도 전에 또다시 쇼핑할 것을 찾아 인터넷 서핑을 시작한다. 이러한 사람들은 술을 마시지 않으면, 화장이나 성형을 하지 않으면, 쇼핑을 하지 않으면, 불안해서 한시도 견디지 못한다.

한때 필자는 만년필을 수집한 적이 있었다. 만년필을 판매하는 인터넷 쇼핑몰을 거의 매일 방문했다. 만년필의 역사를 찾아 공부하고 세상에 좋다는 만년필의 종류에 대해서도 제법 지식을 가지게 되었다. 그중에 한 가지라도 직접 손에 들고 써보지 않으면 마음이 허전하고 불안했다. 없는 형편에 푼돈이라도 생기면 서둘러서 새로운 만년필을 구입했다. 만년필이 내 의식을 점령하고 놓아주지 않았다. 길을 걸어도 만년필, 잠자리에 들어도 만년필 생각

이 났다. 그러한 나 자신이 얼마나 어리석고 우스꽝스러운
지 잘 알고 있으면서도 그러한 중독적인 성향에서 벗어나
기가 쉽지 않았다. 그런데 구입하기 전에는 그렇게 탐나던
만년필도 일단 내 손에 들어오면 더는 매력적으로 느껴지
지 않았다. 가지고 있는 만년필은 거들떠보지도 않으면서
가지지 못한 만년필만 탐을 내고 있었다. 외모 강박증에
빠진 사람도 마찬가지이다. 자신의 잘난 점은 무시하고 못
난 점만을 생각한다.

외모 스키마 벗어나기

외모 강박은 어떻게 생겨날까? 단언컨대, 외모 자체
는 아무것도 말해주지 않는다. 누군가가 알려주지 않으면
우리는 자신이 아름다운지 아닌지 알 수가 없다. 처음에는
부모가 알려준다. 엄마 아빠가 잘생겼다고 예뻐해주면 우
리는 자신이 진짜로 잘생긴 줄 안다. 필자도 그랬다. 내가
잘생겼다고 믿으면서 지냈다. 그런데 중학교 1학년 때 짝
꿍이 나보고 못생겼다고 말해서 깜짝 놀랐던 기억이 있다.
참고로 그 친구는 아이돌과 같은 외모를 하고 있었다. 어
쩌면 필자는 이 글을 읽는 독자들에 비해서 운이 좋았는지
모르겠다. 어린 시절에 외모라는 걸 생각해본 적이 없었으
니 말이다. TV도 없었기 때문에 정말로 잘생긴 아이돌을

본 적도 없었다. 동네 친구들은 그냥 친구였지 잘생기고 못생기고를 생각해보는 대상이 아니었다. 아름다운 외모와 그렇지 못한 외모에 대한 관념이나 기준이 없었던 것이다. 부모들도 마찬가지였다. 자기 자식이면 무조건 예쁘다고 칭찬해주었다. 고슴도치도 자기 자식은 예뻐하듯이 말이다. 그런데 2000년대 이후로 세상이 변했다. 이제 우리는 TV나 인터넷을 통해서 아름답기로 유명한 수많은 모델들과 연예인들에 무방비로 노출되어 있다. S라인이나 피부미인, 황금비율과 같은 용어에 대해서도 훤히 꿰고 있다.

이전에는 없었던 이러한 외모 정보를 최근에는 부모들도 많이 가지고 있다. 그러면서 그러한 지식을 자기 자식에게도 써먹는다. 키가 너무 작아서 걱정이라거나, 얼굴이 너무 커서 걱정이라는 둥 자식의 외모를 평하는 말을 한다. 체중 관리를 해야 한다거나 나중에 크면 쌍꺼풀 성형을 해줄 것이라는 말도 서슴지 않고 한다. 그런데 부모가 이렇게 무심코 한 말 한마디가 아이에게 치명적인 상처를 준다. 부모가 아이의 외모에 낙인을 찍는 것이다. 아이는 자기 몸이 어떻게 생겼는지 알지 못한다. 그러다 부모의 말을 통해서 자신의 몸에 대한 평가를 내리게 되는 것이다. 외모가 뛰어나게 아름다운 아이도 부모의 부정적인 말을 들으면 외모에 대한 콤플렉스를 갖게 된다. 중요한 것은, 외모 자체가 아니라 외모에 대한 '말'이다. 부모로

부터 칭찬의 말만 들으면서 성장한 아이도 학교 친구들로 부터 못생겼다고 놀림을 받을 수가 있다. 자기 외모에 대한 이런 지적질을 한 귀로 듣고 한 귀로 흘려보낼 만큼 자신감이 대단한 사람은 세상에 없다. 외모에 관한 말은 가벼운 농담이라 하더라도 치명적일 수 있다. 친구가 나에게 뚱뚱하다고 말하면 그 말이 계속 그림자처럼 나를 따라다니면서 손가락질하며 놀리는 느낌이 든다. 그전에는 그렇지 않았는데 거울을 봐도 내가 뚱뚱하게 보이고 내 몸이 내 몸처럼 느껴지지 않는다. 친구의 말 한마디가 나를 망가뜨리는 결정적인 계기가 될 수 있는 것이다.

내 외모를 비하하는 친구의 말 한마디가 저주가 될 수 있다. 친구는 농담으로 가볍게 말했을 수도 있다. 그렇지만 그것이 내가 내 몸을 경험하는 스키마로 굳어질 수 있다. 스키마는 세상과 자기 자신을 바라보는 틀, 넓은 의미에서 고정관념이다. '흑인은 운동을 잘한다'라는 고정관념을 가지고 있으면 모든 흑인들이 운동선수처럼 보인다. 서양인들 가운데는 동양인들은 눈이 옆으로 째졌다고 생각하는 사람들도 많다. 그렇게 생각하고 보면 동양인의 눈이 그렇게 보인다. 그러나 가늘고 긴 눈이 예쁘다고 생각하고 보면 서양인의 눈은 '왕방울'*이나 개의 눈처럼 추하게 보인다. 부모나 친구가 나에게 한 말도 그러한 스키마가 된다. '못생겼다'는 말이 내 몸을 못생긴 몸으로 만드는

젊은 여인인가, 할머니인가?

그림 자체는 이것이 무엇인지 말해주지 않는다. 우리가 젊은 여인이라는 스키마를 취하면 젊은 여인으로, 할머니라고 보면 할머니로 보인다. 외모 스키마를 가지고 세상을 보면 세상이 외모로만 보인다.

것이다. 똑같은 외모에 대해서도 잘생겼다고 칭찬하면 잘생긴 외모가 된다.

앞의 그림에서 우리는 무엇을 보는가? 그림 자체는 검은색과 흰색 무늬의 조합에 지나지 않는다. 그림 자체는 이것이 어떤 무늬인지 말해주지 않는다. 우리가 젊은 여인이라는 스키마를 취하면 젊은 여인으로 보인다. 반면에 할머니라고 생각하고 보면 할머니로 보인다. 아름다움과 추함의 차이도 이와 크게 다르지 않다. 우리가 가지고 있는 아름다움에 대한 기준의 차이에 따라서 똑같은 대상도 아름답거나 혹은 추하게 보인다.

외모 스키마를 가지고 세상을 보면 세상이 외모로만 보인다. 달리기 스키마로 세상을 보면 달리기를 잘하는 사람이 최고로 멋있게 보인다. 말을 잘하는 소통 능력의 스키마를 가지고 세상을 볼 수도 있다. 그런데 자기가 못생겼다는 자격지심을 가진 사람에게는 세상 전체가 자기 외모의 결함으로 도배되어버린다. 내 못생긴 외모라는 스키마를 가지고 친구를 만나고 일을 하고 또 세상을 바라본다. 검은 안경을 쓴 사람에게는 세상이 검게 보인다. 내가

---

* 《박씨전》에서 추녀는 '높은 코와 내민 이마며 왕방울 같은 큰 두 눈'을 가진 것으로 묘사되어 있다. 전통적인 미인의 눈은 '별빛처럼 맑고 젖어 있는 가는 눈'이었다.-'얼굴', 〈한국민족문화대백과사전〉 참조.

못생겼다는 생각에 사로잡혀 있으면 무심히 흘러가는 강물도 내 외모를 지적질하는 것처럼 느껴진다.

　　세상 전체가 자신의 외모를 비난한다고 느끼는 사람은 하루하루가 고통의 연속일 것이다. 이러한 고통에서 벗어나기 위해서 아름다움에 관한 자료를 수집하고, 화장과 성형을 하고, 운동과 다이어트를 할 것이다. 그러나 그러한 활동을 한다고 해서 외모에 대한 불만족이 사라지지는 않는다. 오히려 그러한 시도가 더욱 외모에 집착하게 만들 수도 있다. 앞서 고백했듯이 한때 강박적으로 수집했던 만년필에 나는 지금 아무런 관심을 느끼지 못한다. 가지고 있는 만년필도 귀찮게만 느껴진다. 만년필이 어느새 내 의식에서 완전히 자취를 감춘 것이다. 외모 강박에서 벗어난 사람도 나중에 그 시절의 자신을 돌이켜보면 당시의 행동이 납득되지 않을 것이다. 자신이 그렇게 어리석었다는 사실이 믿어지지 않는 것이다. 그런데 문제는, 그러한 강박에서 벗어나기가 쉽지 않다는 점에 있다. 강박에 빠지면 몸도 강박적으로 변하기 때문이다. 자신의 외모에 대한 불만족이 반복되면서 그것이 삶의 일부가 되기 때문이다.

　　강박적인 외모 불만족에서 탈출하기 위해서는 두 가지 방법이 있다. 하나는 외모와 관련된 모든 정보나 자료를 차단하는 것이다. 외모에 대한 생각을 자극할 수 있는 서적이나 사진 등을 자신의 생활공간에서 제거해보자. 외모를 주제로 말하기 좋아하는 친구도 만나지 않아야 한다. 자신을 바꾸기 위해서는 먼저 주변 환경을 바꿔야 한다. 마음만 독하게 먹으면 된다는 생각은 자만이다. 자신의 생각을 믿으면 안 된다. 바람에 흔들리는 갈대처럼 생각은 사소한 자극에도 쉽게 변한다. 그러니 자신의 결심이 확실하다고 믿고 외모 꾸미기를 좋아하는 친구와 만나면 안 된다. 마음을 독하게 먹었으니 괜찮다고 자신을 믿으면서 패션잡지를 뒤적여서도 안 된다. 인간은 생각만큼 그렇게 강하지 않다. 결심을 하는 것으로는 충분하지 않다. 우리 몸은 습관적으로 과거의 행동을 반복한다. 관성의 법칙에 지배를 받는다. 구르는 돌이 계속해서 구르고 정지해 있는 돌이 계속 정지해 있듯이 술집을 자주 찾던 사람의 몸은 습관적으로 술집으로 향해 움직이게 되어 있다.

우리는 김유신이 말을 죽인 일화를 기억하고 있다. 어느 날 그는 술을 너무나 좋아했던 자신의 모습을 반성하면서 일대 결단을 내렸다. 아예 술집에는 발을 끊기로. 그런데 그가 방심하고 있는 사이에 말이 술집으로 향하고 있지 않던가. 그는 단칼에 말의 목을 베어버렸다. 김유신은 매우 현명한 사람이었다. 그는 결심하는 것으로 충분하지 않다는 것을 잘 알고 있었다. 마음과 몸은 따로따로 논다. 마음을 바꾼다고 해서 몸이 바뀌는 것은 아니다. 술을 끊기 위해서는 술집을 향해 눈길도 던지지 말아야 한다. 술집에서 만나던 친구도 이제는 커피숍에서 만나야 한다. 자신이 과거의 습관으로 회귀할 기회 자체를 주지 말아야 하는 것이다.

두 번째 방법은 외모에 대한 관심을 다른 방향으로 돌릴 수 있게 새로운 관심의 대상을 찾는 것이다. 친구와 축구나 농구 같은 운동을 시작하거나, 낚시나 등산, 영화 관람 같은 새로운 취미를 개발하는 것이다. 이때 가장 중요한 것은 혼을 빼놓을 정도로 재미가 있어야 한다는 점이다. '굴러온 돌이 박힌 돌 뺀다'는 속담이 있다. 박힌 돌을 한방에 날려버릴 정도로 재미있는 새로운 취미가 자신을 사로잡게 해야 한다. 재미가 없으면 과거의 습관이 다시 그 틈을 비집고 들어올 수 있다. 뭐가 됐든 외모에 대한 생각을 완벽하게 잊게 만들 정도로 재미가 있으면 된다. 첫 번째 방법이 '하는 않는 것'이라면 두 번째 방법은 '하는 것'이다. 술을 마시지 않는다고 해서 술에서 완전히 해방되지는 않는다. 술 대신에 녹차나 커피 등에서 새로운 즐거움을 찾아야 한다. 강박적으로 외모에 집착하던 사람이 외모 관련 활동을 하지 않으면 갑자기 마음이 텅 비고 허전할 수가 있다. 뭔가 할 일이 없어서 시간이 너무나 지겹고 지루하게 느껴질 수가 있다. 그러한 빈자리가 생기면 안 된다. 빈자리를 채워주지 않으면 이전의 습관이 다시 비집고 들어온다. 외모의 빈자리를 다른 활동으로 채워주어야 한다.

②

주인공은 아름답다

날 때부터 아름다운 주인공들

어린 시절에 동화책을 읽으면서 독자들은 이런 질문을 해봤는지 모르겠다. 왜 세상의 모든 이야기 속 주인공들은 다 멋있고 아름다울까? 반면에 악당이나 심술꾸러기, 마귀할멈은 왜 그렇게 추하고 멋이 없을까? 착한 사람들은 멋있고 아름다운데 나쁜 사람들은 한결같이 괴물처럼 생긴 것이다. 이런 질문을 하다 보면 세상이 불공평하게 느껴진다. 못생긴 것도 억울한데 나중에는 주인공에게 죽임을 당하거나 집에서 쫓겨나 오갈 데 없는 처지까지 되어버리니 말이다. 그럼 나는? 거울에 비친 내 얼굴은 동화의 주인공과는 거리가 멀다. 이목구비도 번듯하지 않고 왜소한 데다가 숱기도 없다. 《춘향전》이라면 나는 절대로 이도령이 될 수 없을 것 같다. 누가 나처럼 생긴 사람에게 주인공을 시키겠는가. 방자 역이라도 맡겨주면 다행이라는 생각이 든다.

세상은 참으로 불공평하다. 초등학교 다니던 시절에 집안도 좋고 인물도 훤한 데다가 공부도 잘하는 친구를 보면 그렇게 부러울 수가 없었다. 사실 정말 부러운 것은 그의 집안이나 성적이라기보다는 그의 얼굴과 외모, 생김새였다. 멀리서 보아도 그의 수려한 이목구비가 빛을 뿜었다. 적어도 나에게는 그렇게 보였다. 당시에는 '부러워하면 지는 거다'라는 말의 뜻을 알지 못했기에 더욱더 그러했다. 그는 다른 세상에서 온 사람처럼 느껴졌다. 그는 감히 가까이 할 수 없는 '존재감'을 가지고 있었다. 반면에 지금 유행하는 말로 나는 찌질이였다.

생긴 것부터가 벌써 다르다. 《삼국지》나 《수호지》 같은 소설을 읽으면서도 언제나 느꼈던 것은, 영웅들은 생긴 것부터가 다르다는 사실이었다. 영웅들은 의젓하고 호탕하며 범상치 않은 풍모를 지니고 있다. 보기에도 영웅처럼 폼나게 생긴 것이다. 이런 생각은 고우영 화백의 만화를 보면서 더욱 깊어만 갔다. 《수호지》에서 가장 보잘것없는 찌질이가 '무대武大'라는 인물이다. 그에 대해서는 설명이 필요 없다. 보기만 해도 찌질이라는 것을 금방 알 수가 있다. 그렇게 생긴 놈은, 바람난 마누라에게 독살을 당해도 싸다는 생각이 들 정도다. 그의 장점은 착한 것 하나밖에 없다.

이 불공평한 세상에서 어떻게 살아야 할까? 나는 잘 봐주면 방자처럼 생겼고, 좀 깎아내리면 무대처럼 생겼다. 왜 나는 관우나 조자룡, 무송처럼 생기지 않았을까? 흘깃 그들이 지나가는 뒷모습만 봐도 뭇 여인들의 가슴이 설렜다고 하지 않던가.

그러나 한편으로 이런 생각도 든다. '그래! 세상은 불공평하다.' 부정할 수 없는 사실이다. 그렇다, 불공평하다. 인정하자. 그런데 어쩌란 말인가. 나는 정말 내가 절세미

남처럼 생기기를 바라는 것일까? 선택의 여지가 있다면 지금 나의 외모가 절세미남으로 바뀌기를 바랄까? 그럴 수는 없다는 생각이 든다. 그렇게 바뀐 나는 더 이상 '나'가 아니기 때문이다. 예를 들어 이런 상황을 가정해보자. 마을에서 인물도 못나고 어리숙해 바보로 놀림받으며 살던 인물이 있었다. 그는 천덕꾸러기 취급을 받으면서도 마음 속으로는 반드시 성공하고 말겠다는 독기를 품고 살았다. 그렇게 그는 서울로 가서 이를 악물며 열심히 일했고, 결국 크게 성공하기에 이르렀다. 고향으로 돌아오던 날, 그는 동네 사람들 모두가 달려나와 자신을 환영하는 모습, 자신을 업신여기던 동네 친구들이 바뀐 자신의 모습을 보고 부러움에 얼굴이 새파랗게 질리는 모습을 상상했다. 그렇게 금의환향의 꿈에 젖어 고향에 발을 디딘 순간, 정작 그를 알아보는 사람이 아무도 없었다! 이 얼마나 허망한 노릇인가? 성공이 최고의 복수라는 말을 곱씹으며 성공한 모습으로 고향을 찾았건만, 아무도 그를 알아보지 못한다면 그는 과연 꿈꾸던 복수에 성공한 것일까? 이러한 상황을 가정해보면 결국 나에게는 선택의 여지가 없는 셈이 된다. 억울하지만 지금의 나를 있는 그대로 받아들일 도리밖에는 없다.

못생긴 사람도 아름다워 보이게 하는 힘

세상의 온갖 이야기 속 주인공은 나와 거리가 멀지만 그래도 찾아보면 비슷한 주인공들이 있기는 하다. 특히 삼형제가 등장하는 이야기들이 그러하다. 삼형제의 이야기 대부분에서 첫째와 둘째는 가진 것이 많다. 외모가 출중하거나 머리가 좋다. 그러나 막내는 착하고 성실한 것 빼놓고는 자랑할 만한 게 하나도 없다. 톨스토이의 《바보 이반》에서 막내는 심지어 어리숙한 바보이다. 이러한 삼형제의 이야기에서 흥미롭게도 노장사상老莊思想을 발견할 수 있다. 못난 것이 잘난 것보다 더욱 아름답다는 것이다. 못생겼기 때문에 잘생겼다는 것이다.

물론 삼형제의 이야기를 곧이곧대로 받아들일 필요는 없다. 못생겼기 때문에 아름답다는 역설은 우리가 살고 있는 세상에서는 통하지 않는다. 그럼에도 여기에는 일말의 진실이 있다. 사람들은 겉모습에 속을 수 있다는 것, 그리고 외모가 전부는 아니며 외모나 머리보다 성격이 더욱 중요하다는 것이다. 우리는 아름다운 외모나 좋은 머리는 첫눈에 알아볼 수 있다. 그토록 아름답거나 똑똑한 사람에게 끌리지 않는다면 오히려 이상할 것이다. 중요한 것은 그러한 첫인상이 언제든 바뀔 수 있다는 사실이다. 세상에 어떤 사람이 겉만 번드레한 사람을 원하겠는가.

'화무십일홍花無十日紅'이라는 말이 있다. '사랑의 유

통기한'이라는 말도 있다. 외모가 가진 매력의 시효는 과연 얼마나 갈까? 한번 만나고 헤어질 사람이라면 외모만을 봐도 좋다. 만약 선택의 대상이 한번 쓰고 버릴 일회용품이라면 내구성을 따질 필요도 없다. 그러나 '얼굴을 뜯어먹고 사냐'는 속된 말이 있다. 상대방의 외모가 우리에게 일시적인 기쁨을 줄 수는 있지만 그것의 유통기한은 지극히 짧다. 외모가 주는 아름다움과 내면이 가진 아름다움은 동일하지 않다. 일순간 동일하다고 느껴질 수도 있겠지만 시간이 지나면 진실이 드러나기 시작한다. 하루살이가 아닌 우리에게는 기다릴 시간이 있다. 그리고 시간은 진실의 편이다. 두고 보면 안다. 누가 잘하고 누가 잘 못하는지 두고 보면 안다. 잘하는 사람이 우리에게 기쁨과 행복을 준다면 못하는 사람은 우리에게 고통과 불행을 준다. 그리고 나중에는 기쁨을 주는 사람이 아름답게 보인다. 아무리 외모가 화려하고 아름다워도 고통을 주는 사람은 아름답지 않게 보인다. 아름다움은 기쁨이고 추함은 고통이기 때문이다. 기쁨에도 순간적인 것이 있는가 하면 지속적인 것도 있다. 후자가 행복이다. 우리를 행복하게 해주는 사람은 진짜로 아름다운 사람이다.

이 지점에서 동화의 이야기로 다시 돌아가야 한다. 왜 동화의 주인공들은 다 멋있고 아름다울까? 사실 우리는 이 질문에 이미 대답을 했다. 동화의 주인공들은 주위 사람들에게 기쁨과 행복을 가져왔던 인물들이다. 주위 사람들은 주인공들이 조각 같은 이목구비와 S라인을 가지고 있기 때문에 아름답다고 말했던 것이 아니다. 그 반대이다. 주인공들이 그들에게 기쁨을 주었기 때문에 고마워서 아름답다고 말했던 것, 즉 고맙다는 말은 아름답다는 말의 동의어였다. 선은 미이며 미는 선이었던 것이다.

우리는 옛날이야기의 주인공이 멋있고 아름답다는 말을 외모에 대한 것으로 오해하면 안 된다. 아름다움은 선함이나 탁월함과 같은 의미도 가지고 있었다. 진=선=미였던 것이다. 우리는 가끔 "하는 짓이 예쁘다"는 말을 한다. 외모가 아니라 행동이 아름답다는 말이다. 그리고 우리는 김연아 선수가 우아한 자태로 빙상을 달리는 모습이 "보기에 아름답다"고 말하곤 한다. 그냥 외모만 아름다운 것이 아니다. 뛰어난 경기 능력도 아름다운 것이다. 동화의 세계는 행동과 아름다움을 떼어놓을 수 없는 세계였다.

외모지상주의가 지배하는 현대에는, 과거에는 가까웠던 선과 미의 거리가 점점 더 멀어지고 있다. 우리는 외모와 몸매가 뛰어난 연예인들에게 매료되어 있다. 우리는 그들이 어떤 사람인지, 어떠한 삶을 사는지에 대해서는 관심이 없다. 오히려 그들의 삶이 철저히 베일에 감춰 있으면 아름다움에 신비감의 매력이 더해지기도 한다. 사실 알고 싶어도 그들의 삶을 알 수가 없다. 우리와는 전혀 무관하고 동떨어진 세계에 살고 있기 때문이다. 우리는 그들과 직접이 아니라 스크린의 이미지로만 만난다. 아름다운 이미지, 그것으로 충분한 것이다. 과거에는 이러한 아름다움을 내용이 없는 공허한 것으로 보았다. 그리고 이러한 인물들은 동화의 주인공이 될 수 없었다. 기껏해야 바보 이반의 첫째 형이나 둘째 형 정도에 지나지 않았다.

동화의 주인공이 아름다운 이유를 하나 더 이야기해야겠다. 사실, 이유라고 할 수도 없다. '주인공'이라는 단어와 '아름다움'이라는 단어는 이미 동의어가 되어버렸기 때문이다. 주인공은 주인공이기 때문에 아름답다. 뭔가 기발한 대답을 기대했던 독자들은 화를 낼지도 모르겠다. 그러나 진실이다. 독자들도 주인공이 되면 아름답다. 주인공이란 무엇인가? 주인공은 사건의 중심에 있다. 그리고 이야기는 주인공의 일거수일투족에 초점을 맞춘다. 1인칭 시점의 이야기나 마찬가지이다. 독자들이 이야기의 주인공이라고 하자. 주인공은 뭐가 됐든 적어도 한 가지는 잘하는 것이 있어야 한다. 정이 많아서 친구를 잘 챙겨주는 사람이라면 정이 많은 사람이 최고로 대접받는 나라의 주인공을 하면 된다. 노래를 잘 부른다면 노래 잘하는 사람이 아름답다고 칭찬받는 나라의 주인공을 하면 된다. 자신이 잘하는 것을 중심으로 이야기를 전개하면, 그 이야기 속에서 멋있게 보이는 주인공이 될 수 있다.

주인공은 사건의 중심에 있는 사람이다. 내가 겪는 사건의 중심에는 내 몸이 있다. 내가 서울에 있다면 대전이 부산보다 더 가깝다. 그리고 중국이 미국보다 더 가깝다. 내가 높은 건물의 꼭대기에 있으면 세상 모든 사람들이 개미처럼 작게 보인다. 내가 있는 위치에 따라서 사람들은 크게 보이기도 하고 작게 보이기도 한다. 나에게 가까이 있는 사람은 중요한 사람이고 나로부터 멀리 떨어져 있는 사람은 존재하지 않는 것이나 마찬가지이다. 내가 눈을 감으면 세상은 사라진다. 눈을 뜨면 세상이 다시 되돌아온다.

나는 내 세상의 주인공이다

우리는 모두 자기 세계의 주인공이다. 적어도 가족 안에서는 우리 모두가 주인공이다. 가까운 친구들과 같이 있어도 우리 모두가 주인공이다. 어떤 친구가 멋있는 친구인가? 우리는 외모만 아름다운 친구를 원하지 않는다. 동화의 주인공처럼 '하는 짓'이 아름다운 친구를 원한다. 이렇게 친밀한 사람들 속에서는 '진=선=미'이다.

《도리언 그레이의 초상》이라는 소설이 있다. 주인공 도리언은 혼자 보기에 아까울 정도로 아름다운 청년이다. 길거리에서 그를 지나치는 사람들은 100명이면 100명 모두 고개를 돌리고 그의 모습을 다시 본다. 그처럼 뛰어난 미모에도 불구하고 도리언은 잔인한 악당이다. 처음에 그를 좋아했던 사람들도 그가 얼마나 무자비한 인간인지 발견하는 순간 그를 혐오하기 시작한다. 우리는 사악한 사람을 아름답게 볼 수 없다. 그것은 불가능하다. 아름다움이 고통과 맺어지는 순간 아름다움은 추함으로 바뀐다.

이 소설은 1856년에 태어나 1900년에 사망한 오스카 와일드의 탐미주의적 작품으로, 댄디로서 그리고 동성애자로서 악명을 떨쳤던 그의 심미적 성향을 잘 보여주는 작품이다. 이 작품에서 아름다움은 역설적 이중성을 가지고 있다. 그가 가장 아름다웠던 젊은 시절의 모습을 그린 초상화는 세월이 지나면서 주름이 지고 늙어간다. 그렇지만 정작 주인공 도리언 그레이는 변치 않는 아름다움과 젊음을 유지한다. 도리언은 온갖 악행을 저지르면서도 여전히 순진하고 순수한 동안을 잃지 않지만 초상화의 얼굴은 사악한 범죄자의 표정으로 바뀌어간다. 작품의 결말은 또 하나의 반전을 보여준다. 악마처럼 흉측해진 초상화를 보고 그것을 용납할 수 없었던 도리언은 단검을 들어 초상화를 찌른다. 그러나 그가 찌른 것은 자신의 가슴이었다. 그가 숨을 거두자 초상화는 처음의 아름다움과 젊음을 회복한다. 도리언 그레이의 외모는 가면이나 마찬가지였던 것이다. 사람은 마흔이 넘으면 자신의 얼굴에 책임을 져야 한다는 조지 오웰의 유명한 말처럼 얼굴은 우리가 지금까지 살아온 모습을 보여주는 인격이자 마음의 창이다. 그러나 가면은 그러한 삶의 흔적과 무관하다. 지나치게 외모를 가꾸는 사람은 자신의 진정한 인격을 가리는 가면을 쓰고 싶은 것일 수 있다.

아름다워지고 싶지 않은 사람은 세상에 없을 것이다. 우리가 아름다울 수 있다면 얼마나 좋겠는가. 그러나 우리는 태어난 외모의 운명에서 완전히 벗어날 수가 없다. 세상은 불공평하다. 그렇다고 불공평한 세상을 원망하는 것은 어리석은 짓이다. 내가 도리언 그레이처럼 아름다운 몸으로 태어났다면, 그것은 도리언이지 내가 아니다. 도리언은 한 명만 있으면 된다. 나는 나답게 아름다워야지 도리언의 '짝퉁'이 될 수는 없는 일이다. 그리고 내가 주인공이 되면 적어도 그 세계 안에서 나는 아름답다. 주인공은 자기가 좋아하는 사람들에게 기쁨을 주는 사람이다. 길거리에서 마주치는 사람들, 평생 만날 일 없는 사람들에게까지 아름답게 보일 필요는 없다. 모델이라면 응당 그래야 하겠지만 우리는 주위의 가족과 친구, 이웃에게 아름다운 것으로 충분하다. 그리고 그러한 경우 아름다움의 비결은 간단하다. 그들에게 기쁨을 주면 된다. 사실 기쁨을 준다는 말에는 어폐가 있다. 기쁨을 주면서 우리 자신도 기쁨을 공유하기 때문이다. 기뻐하라! 그러면 우리는 아름다운 주인공이 된다.

© Olga Sluchanko

도리언 그레이의 초상

도리언 그레이는 온갖 악행을 저지르지만 변치 않는 아름다움과 젊음을 유지한다. 하지만 초상화의 얼굴은 사악한 범죄자처럼 흉측하게 바뀌어간다. 도리언은 단검을 들어 초상화를 찌르지만 그가 찌른 것은 자신의 가슴이었다.

③

외모지상주의
들여다보기

외모지상주의의 출현

우리나라에서 외모지상주의라는 용어는 1990년 이후에 처음으로 출현하였다.[*] 최근에는 대중매체에서 외모와 관련된 신조어들도 우후죽순으로 등장하고 있다. 외모 스펙, 얼짱, 몸짱, 방부제 피부, 얼굴 천재와 같은 용어들은 빙산의 일각에 지나지 않는다. 외모가 가치 평가의 중심이 된 것이다. 한 설문조사에서 '우리 사회가 외모에 따른 차별이 심각하다'는 문항에 그렇다고 답한 비율이 85.6%나 되었다.[**] 그만큼 대부분 일상에서 외모의 중요성을 실감하고 있는 것이다. 자칫하면 외모로 인해서 불이익을 당할 수 있다는 생각이 사회를 지배하고 있는 것이다.

외모지상주의는 '외모에 대한 지나친 관심' 혹은 '외모로 사람을 판단하고 평가하는 경향'이다. 달리 말해서 보여주기의 문화이다. 이 말은 한편으로 유치하게 들리기도 한다. 사람은 외모가 전부인 것은 아니지 않은가. 책의 표지를 보고 책의 가치를 판단하지 말라는 말도 있다. 맞

---

[*] 대중매체에 외모지상주의라는 말이 처음 등장한 것은 1999년 〈동아일보〉에서였고, 뒤이어 2001년에 〈조선일보〉가 합류하였다. 처음에는 간혹 사용되던 외모지상주의가 2004년 이후로 일상어의 하나가 되었다.

[**] 김태홍 외, 「국격 제고를 위한 차별 없는 사회기반 구축: 한국여성정책연구원 연구보고서」, 한국여성정책연구원(2011).

는 말이다. 번드레한 표지만 보고 책을 고르는 사람은 어리석다. 그런데 갈 길은 바쁘고 내용을 점검할 시간이 없는 사람이 표지만 보고 책을 고르는 걸 두고 어리석다고만 할 수 있을까? 아무 책이나 무작위로 고르는 것보다는 제목과 표지라도 보고 선택하는 것이 낫지 않을까? 사람도 마찬가지이다. 면접의 상황을 가정해보자. 아주 짧은 시간에 우리는 자신의 모든 자질과 능력을 면접관에게 보여주어야 한다. 외모보다 더욱 효율적인 방법이 있을까?

현대인만 외모를 중시한 것은 아니었다. 외모를 무시했던 사회는 일찍이 존재한 적이 없었다. 그러나 현대처럼 외모의 아름다움을 중시했던 적도 일찍이 없었다. 어느 시대든 부유한 귀족들은 멋을 내기 위해서 시간과 돈을 아낌없이 투자하였다. 멋진 외모로 상대방을 제압할 수도 있었다. 물론 그러한 사람들은 극소수에 지나지 않았다. 대부분의 사람들은 하루 세 끼 먹고살기 위해서 온종일 일을 해야 했다. 그들에게 몸은 노동하는 몸이었다. 그렇다면 현재의 우리나라는 어떠한가? 현재의 우리는 역사상 어느 때보다도 풍요로운 사회에 살고 있다. 평범한 중류층 사람들도 과거의 귀족보다 더욱 여유롭고 풍족하다. 이제 우리의 몸은 노동하는 몸이 아니다. 관우나 장비처럼 덩치가 크고 힘이 세다고 해서 환영받지도 않는다. 이제는 힘이 아니라 멋이 있어야 한다.

현대인들이 천박하고 깊이가 없어서 외모에 집착하는 것은 아니다. 아무도 거들떠보지 않는데도 돈키호테처럼 혼자 잘난 맛에 외모를 가꾸는 사람은 없다. 단지 우리는 외모로 사람을 판단하는 세상에 살고 있기 때문에 외모를 가꾼다. 명함을 내밀듯이 외모로 자신을 보여주어야 하는 것이다. 여러 이유가 있지만 시각문화와 대도시, 두 가지 관점에서 외모지상주의를 설명해보자.

외모와 정체성의 상관관계

우선 '외모'가 무엇인지 생각해볼 필요가 있다. 외모는 겉으로 드러난 모습이다. 20세기 후반까지도 외모라는 말에는 부정적인 뉘앙스가 강했다. 겉멋에 들려 있는 사람은 비난의 대상이었다. 집안이 넉넉하지 않은데도 비싼 외제 가방을 들고 다니는 사람은 겉멋만 든 사람이었다. 읽지도 않는 두터운 외국어 원서를 들고 다니는 사람도 겉멋이 든 사람이었다. 겉멋이 든 사람은 내실이 없는 사람이었다. 자기 실속은 챙기지 못하면서 남의 눈에만 잘 보이려고 애쓰는 사람이었다.

이와 같이 외모의 가치를 높게 사지 않은 데는 이유가 있었다. 외모는 변덕스럽게 자주 바뀌기 때문에 믿을 수 없다고 보았던 것이다. 바람이 조금만 불어와도 가만히 있지 못하고 흔들리면서 계속 모습이 변하는 파도와 같았다. 깊은 물속은 아무리 강한 폭풍이 몰아쳐도 변함없는 평온함을 유지한다. 겉은 변하지만 속은 중심을 유지하는 것이다. 사람도 마찬가지이다. 사람은 아무리 상황이 바뀌어도 변치 않는 굳은 마음을 가지고 있어야 한다. 그렇지 않은 사람이라면 어떻게 믿을 수 있겠는가. 더구나 외모에 너무 공을 들이는 사람은 수상쩍은 사람이라고 여겼다. 속마음을 감추려는 듯이 보이는 것이다. 이러한 이유로 화장을 진하게 하는 여성도 환영받지 못했다.

그렇다고 외모의 가치를 전혀 인정하지 않은 것은 아니었다. 유령이라면 모를까 외모가 없는 사람이란 존재하지 않으니 말이다. 외모를 보지 않으면 그 사람이 누구인지 식별할 수도 없다. 더구나 외모와 마음이 따로따로 존재하는 것은 아니다. 사람의 마음은 자연스럽게 그의 외모와 표정, 태도로 드러나게 마련이다. 그렇다면 외모를 꾸민다는 것은, 자연스럽게 외면으로 드러나야 하는 내면을 왜곡하거나 기만한다는 말과도 같이 여겨졌다. 눈만 마음의 창인 것은 아니다. 얼굴도 마음의 창이다. 조선시대에 관상술이 발달했던 것은 우연이 아니었다.

달리 말해서 외모는 정체성이었다. 사람들은 얼굴에서 아름다움이나 추함을 보는 것이 아니라 정체성을 보았다. 특히 신분제 사회인 경우, 외모는 그가 양반인지 평민

김득신, 〈반상도班常圖〉

외모는 정체성이자 신분이었다

상민 부부는 우연히 양반을 상봉하고는 허리를 깊이 숙여 알현한다. 이처럼 과거에는 직업과 신분, 정체성이 대물림되었고 한눈에 드러났다. 그러나 현대에는 그와 같이 고정된 정체성이 없다.

인지 말해주는 명함이나 마찬가지였다. 양반은 양반다운 외양을 보여주어야 한다. 양반답게 의관정제하고 양반답게 근엄한 얼굴을 하고 양반답게 팔자걸음으로 걸어야 한다. 외모는 개성이 아니라 신분이었던 것이다.

이와 같이 외모는 일차적으로 정체성이며 신분이었기 때문에 아름다움은 부차적일 수밖에 없었다. 그리고 외모의 아름다움보다 훨씬 중요한 것은 진지함과 성실성의 미덕이었다. 외모 꾸미기에 너무 치중하는 사람은 언행이 일치하지 않거나 겉과 속이 다른 사람으로 오해받기 쉬웠다.

이 대목에서 이렇게 질문할 수 있다. 현대의 우리에게도 외모는 정체성이자 신분인가? 한 가지 분명한 것은, 우리의 외모는 신분과 무관하다. 우리가 사람들의 외모를 보고 직업이나 신분을 짐작할 수가 있는가? 물론 아주 불가능하지는 않다. 그러나 조선시대처럼 외모에서 신분을 읽을 수 있는 것은 아니다. 현대에는 고용주나 고용인의 외모와 행동이 딱 부러지게 구별되지 않는다. 의복이나 헤어스타일, 행동으로도 잘 구별되지 않는다. 외모와 신분이 분리된 것이다. 그렇다면 정체성과 외모의 관계는 어떠한가? 정체성은, 동어반복처럼 들리겠지만, 나를 나답게 만들어주는 내 본질을 말한다. 예를 들어, 성삼문은 성삼문이고 이방원은 이방원이다. 성삼문은 세종의 유지를 받들었던 충신이었기에 목에 칼이 들어와도 뜻을 굽히지 않았다. 이방원을 임금으로 모시면 성삼문은 성삼문이 아니게 되기 때문이었다. 변치 않는 충절이나 의리가 그의 정체성이었던 것이다. 현대의 우리에게도 그러한 정체성이라는 것이 있는가? 없다. 변치 않는 정체성이라는 것은 보수적인 사회에서나 가능하다. 하루가 다르게 변화하는 세상에서는 하나의 정체성에 매달려 살아갈 수가 없다.

과거 사회에서 외모라는 것은 변함 없이 항상 일정해야 하는 것이었다. 더불어서 외모라는 것은 보이지 않는 마음이 가감 없이 왜곡되지 않고 겉으로 드러난 것이어야 했다. 따라서 인위적으로 외모를 바꾸는 것은 자신과 타인을 속이고, 그것으로도 모자라 가문과 나라를 속이는 일이었다. 무엇보다도 그것은 자기에게 몸을 주신 부모님에게 불효하는 일이었다. 조선 말기에 유생들이 일제의 단발령에 목숨을 걸고 항거했던 이유였다. 부모가 준 몸은 죽을 때까지 있는 그대로 보존해야 하는 대상이었던 것이다. 때문에 외모를 바꾸는 행위는 사회의 근간을 뒤흔드는 반역이나 마찬가지였다.

이런 맥락에서 외모를 지나치게 가꾸는 사람은 표리부동하다는 비난을 받았다. '열 길 물속은 알아도 한 길 사람 속은 알 수 없다'는 속담이 있다. 사람의 겉과 속이 같은지 아닌지 알기 위해서는 먼저 속마음을 알아야 한다. 그런데 그것이 가능한 일인가? 그 사람의 일거수일투족을

다 지켜볼 수도 없지 않은가. 직장에서 성실하고 겸손하며 일 잘하는 남자가 집에 가서는 폭군 노릇을 할 수 있고, 동료들은 잘 챙기면서도 정작 자기 부모님을 외면하고 있는지도 모른다. 어쩌면 그는 두 집 살림을 하고 있을 수도 있다. 그럼에도 우리는 그가 회사 밖에서 어떤 행동을 하는지 알 수가 없다. 직장이라는 제한된 공간에서만 그를 만나기 때문이다. 직장을 벗어나는 순간에 그의 세계는 사적인 공간으로 바뀐다. 현대 사회에서 사적인 영역은 아무도 침범할 수 없는 공간이다. 간단히 말해서 우리는 겉과 속이 다른지 같은지 알 수 없는 사회에서 살고 있다. 이러한 사회에서 우리는 하나가 아니라 두세 개의 정체성을 가질 수도 있다. 직장의 나와 가정의 나, 친구들 사이에서의 나가 서로 다를 수 있는 것이다.

표리부동한지 아닌지 알 수 없는 이유는, 그것을 가능하게 만들어주는 사회적 장치가 없기 때문이다. 근대화 이전의 사회 규모는 현대의 대도시에 비하면 극히 작았다. 현재 런던에는 약 900만 명의 인구가 살고 있다. 그러나 17세기 중반까지만 하더라도 인구가 37만밖에 되지 않았다. 당시 조선 한양의 인구는 10만이 채 되지 않았다. 그리고 대부분의 사람들은 자기가 태어나고 자란 고향을 벗어나지 않고 죽을 때까지 거기에서 살았다. 이동의 자유도 극히 제한되어 있었다. 낯선 사람을 만날 기회도 거의 없었다. 때문에 동네 사람들이나 친구들은 평생을 동고동락해야 하는 사람들이었다. 이렇게 규모가 작은 사회에서는 구성원들이 서로의 마음과 행동거지를 잘 알 수밖에 없었다. 겉과 속이 다른지 아닌지 모를 수가 없었던 것이다.

근대의 대도시 속 변화하는 정체성

근대화의 과정에서 발생한 극적인 변화는 인구의 증가와 대도시의 등장이다. 예전에는 자기가 태어난 고향에 평생 묶여 있던 사람들이 이제 일자리를 찾아 도시로 이동하기 시작하였다. 서울의 인구 증가는 전례가 없는 현상이었다. 17세기 중반에 많아야 10만이던 한양의 인구는 19세기 말까지도 20만을 초과하지 않았으며 1915년에도 30만에 지나지 않았다. 그런데 불과 30년 후인 '1942년, 처음으로 100만을 넘어섰으며 70년에 500만, 78년에 800만을 각각 돌파했다.'* 그리고 통계청의 자료에 따르면 2018년 기준 우리나라 인구의 약 92%가 도시에 거주하고 있다. 이렇게 급증한 인구의 이동이 무엇을 의미하는지를 짐작하기는 어렵지 않다. 고향을 등지고 대도시로 올라온 사람들

---

* 기사 「서울 100년, 이렇게 변했어요」-〈동아일보〉 2009년 9월 18일 게재.

은 과거와는 너무나 다른 상황에 적응하지 않으면 안 되었다. 평생 얼굴도 본 적이 없는 낯선 사람들에 둘러싸여 살아야 하는 것이다. 옆집 사람이 고향에서 어떻게 살던 사람인지 알 수가 없다. 돈을 떼어먹고 야반도주한 사람이 자기는 고향에서 성실하기로 소문난 농부였다고 말해도 그 진위를 확인할 방법이 없다. 책의 표지만 보고 내용을 판단하지 말라는 말이 그가 처한 상황에는 적용이 되지 않는다. 타지에서 처음으로 만난 사람은, 그가 옆집 사람이어도 내용 없는 표지나 다름이 없다. 내용을 모르기에 표지를 보고 판단해야 할 따름이다.

대도시에서는 어디를 가든 대부분 모르는 사람들뿐이다. 우리는 모르는 사람들 앞에서 긴장을 하게 된다. 생각해보라. 친한 친구들과 함께 있으면 우리는 외모나 행동에 크게 신경 쓰지 않는다. 깍듯이 예의를 갖추지 않아도 괜찮다. 겉은 까칠해도 속은 따뜻한 친구라는 것을, 친구들은 이미 알고 있기 때문이다. 화장을 하지 않아도 좋다. 화장하지 않은 내 '쌩얼'을 이미 많이 본 친구들이기 때문이다. 그러나 낯선 사람들과 같이 있으면 그렇게 편안하게만 행동할 수 없다. 혹시라도 실수하지 않도록 예의를 갖추어야 하며 나쁜 인상을 주지 않도록 노력해야 한다. 낯선 사람들 앞에서는 보이는 내가 전부이기 때문이다. 현재 드러난 내 모습이 전부이다. 아무도 내 과거를 알지 못한다. 나는 과거의 깊이가 없이 현재의 표면만 가지고 있다. 이때 나는 스냅사진이나 마찬가지이다.

이와 같이 서로 모르는 사람들이 모여 사는 대도시에서는 속과 겉이 다르다는 표현이나 표리부동이라는 사자성어도 과거와는 달리 해석된다. 과거에는 우리에게 속이 있었다. 이때 속은 어느 정도 '고정된' 정체성을 말한다. 과거에는 직업과 신분, 정체성이 대물림되었다. 아버지가 목수이면 자식도 목수였다. 정체성이 목수로 요약되는 것이다. 목수가 그의 속이다. 그의 얼굴을 볼 필요도 없다. 목수는 목수처럼 생겼기 때문이다. 그러나 현대에는 그와 같이 고정된 정체성이 없다. 자유롭게 원하는 직업을 선택할 수 있기 때문이다. 목수에서 회사의 사원으로, 사원에서 사장으로, 사장에서 또다시 목수로 직업을 바꿀 수 있다. 그렇게 직업을 자주 바꾸었다는 사실을 본인이 직접 말해주지 않으면 그의 전직을 알 수 없다. 그리고 굳이 알 필요도 없다. 그의 과거가 중요하지 않기 때문이다. 중요한 질문은 '지금 무엇을 하는가?'이지 '과거에 무엇을 했는가?'가 아니다. 겉만 있는 것이다. 보이는 외모가 우리의 전부가 되었다.

더구나 현대는 시각문화가 지배하는 시대이다. 카메라와 셀카의 시대이다. 시각적 이미지를 통해서 정보를 교환하고 소통도 한다. 그러면서 '속'은 더욱더 경험의 장에서 사라지게 된다. 여행사 홈페이지에서 여행 상품을 선택하기 위해 상담원을 찾는다고 해보자. 많은 상담원 가운데 마음 좋고 친절한 사람에게 문의하고 싶지만, 주어진 정보는 사진밖에 없다. 사진을 아무리 들여다봐도 그의 '속'은 보이지 않는다.

외모는 정체성이다. 외모를 보지 않으면 그 사람이 누구인지 알 수가 없다. 마음은 눈에 보이지 않는다.* 그러나 과거 전통 사회에서 '외모=정체성'이 갖는 의미와 현대에 '외모=정체성'이 갖는 의미 사이에는 커다란 차이가 있다. 과거에 정체성이 변치 않고 고정된 것이었다면, 현대에는 정체성이 가변적이고 유동적인 것이 되었다. 외모와 정체성을 변하지 않도록 고정시켜주는 사회구조가 사라졌기 때문이다. 이제 우리는 외모가 전부가 된 사회에 살고 있다.

아름다움의 과학

외모지상주의의 문제점은 외모를 규범화하고 표준화하는 성향에 있다. 지방마다 각각의 방언이 있듯이 사람들마다 각자 다른 외모를 가지고 있다. 민철이는 민철이처럼, 순철이는 순철이처럼 생기고, 철순이는 철순이처럼,

---

* 외모가 '보이는 몸'이라면 마음은 '보이지 않는 몸'이다. 몸과 마음이 따로 존재하는 것은 아니다. 관점에 따라서 인간은 몸이기도 하고 마음이기도 하다.

선숙이는 선숙이처럼 생겼다. 우리는 다양한 방언 가운데 서울의 방언이 표준말로 채택이 되었다는 사실을 알고 있다. 사람의 몸에도 표준이 있다. 그러나 방언과 달리 사람의 몸에 대한 표준은 평균치로 만들어진다. 산술적 평균을 구하는 일은 쉽다. 대한민국 대학생의 평균 신장은 대학생 340만 명의 키를 모두 더한 다음 340만으로 나누면 된다. 현재 남자 대학생의 평균 신장은 약 173cm, 여대생은 약 161cm이다. 그렇다면 173cm와 161cm에 알맞은 몸무게는 어떻게 될까? 몸무게도 평균으로 구할 수 있을까? 사람들의 몸무게를 아무리 더하고 나눠도 표준 몸무게가 나오지 않는다. 표준 몸무게는 (인체 과학적) 공식을 적용해야 한다. 여러 가지 공식이 있지만 그중 하나는, 남자는 키(m)×키(m)×22이고, 여자는 키(m)×키(m)×21이다.

그런데 자신의 키가 173cm인 대학생은 자신의 키에 만족할까? 물론 그렇지 않다. 평균은 다만 참조점에 지나지 않는다. 외모지상주의가 지향하는 외모는 평균이 아닌 이상적인 외모이다. 최근의 설문조사에 따르면 '여대생이 꼽은 이상적인 몸매는 키 165.3cm, 몸무게 49.9kg이었으며 남학생은 키 182cm, 몸무게 74.4kg'이었다.[*] 아마 대부분의 독자는 이러한 결과에 당황하지 않을 것이다. 독자자신도 그러한 이상형을 마음에 두고 있기 때문일 것이다. 현실과 이상은 일치하지 않는다. 그것을 감안해도 필자로서는 외모의 현실과 이상의 격차가 너무나 크다는 생각을 피할 수 없다. 키와 몸무게, 둘 다 그렇다. 의학적 기준으로 볼 때 여성의 경우, 165.3cm의 키에 적절한 몸무게는 약 57.4kg, 남성의 경우 182cm의 키에 적절한 몸무게는 약 73kg이다(남성과는 달리 특히 여성들이 키에 비해서 몸무게가 적게 나가기를 바란다는 사실을 알 수 있다).

외모지상주의가 무엇인지 보다 잘 이해하기 위해 이상적인 키와 몸무게를 간단히 소개했다. 우리가 가진 외모와 우리가 원하는 외모 사이에는 차이가 있다. 이 점은 아무리 강조해도 지나치지 않는다. 여기에 외모지상주의의 본질이 있다. 이상적 기준이 너무나 높기 때문에 대부분의 사람들은 아무리 노력해도 그러한 몸을 만드는 것이 현실적으로 불가능하다. 불가능한 이상을 좇고 있는 것이다. 물론 그러한 조건을 충족한 사람들이 없지 않다. 그렇지만 소수에 지나지 않는다. 앞서 소개한 설문조사에서 학생들은 몇몇 연예인들이 그러한 이상적인 체형을 가지고 있다고 대답했다. 그럼에도 중요한 것은 그러한 이상적 외모의 불가능성이다. 불가능하기 때문에 우리는 더욱더 집착하는 것이다.

* 기사 「여대생이 원하는 몸매 1위는 현아: 부산365mc, 동서대생 298명 대상 설문조사 … 2위는 설현, 남자는 김우빈이 1위」 -〈청년의사〉 2017년 11월 21일 게재.

외모지상주의 사회에서 이와 같은 이상적 체형은 과학의 후광을 등에 업고 있다. 표준 몸무게는 단순한 평균이 아니다. 인체 과학적 기준이다. 이것뿐만이 아니다. 아름다움은 기하학 혹은 생물학과 같은 과학의 영역이 되었다. 가령 2007년에 폴란드의 그단스크대학 연구진은 미인대회 최종 후보에 오른 여성들을 대상으로 이상적인 여성 체형을 추출해내었다. 모델 여성들의 평균키는 174cm인데, 이들의 '허리가 가슴의 76%, 엉덩이의 70%'인 경우에 가장 매력적이다. 그리고 그들은 '일반 여성들에 비해 키와 넓적다리의 비율이 12% 더 낮다.'* 그리고 뉴캐슬대학의 크리슬리 교수 연구팀은 2012년에 〈매력적인 몸매는 무엇인가?〉라는 제목의 논문을 발표하였다. 이 연구팀은 이상적인 여성의 비밀은 곡선에, 이상적인 남성의 비밀은 직선에 있다고 주장하면서 여성은 가슴과 허리의 비율이 0.69, 엉덩이와 허리의 비율이 0.73이어야 가장 아름답다는 자료를 제시하였다. 그 밖에도 수많은 자료가 있다. '17가지 매력의 과학법칙'이나 '매력적일 수 있는 심리학적 규칙'과 같은 연구결과들도 있다.

이러한 과학적 자료는 단순한 정보나 지식이 아니라

---

* 기사 「세계에서 가장 이상적인 몸매는」-〈연합뉴스〉 2007년 3월 1일 게재.

마취제와 같은 효과를 발휘한다. 그냥 아름다운 것이 아니다. 과학적으로 증명된 아름다움이라는 확신을 주는 것이다. 아름다움이 주관적인가 객관적인가를 놓고 벌어진 싸움에서 객관성이 승기를 잡았다는 생각이 드는 것이다. 때문에 이러한 정보를 접한 독자들은 이상적 미의 규범에 더욱 집착하기 시작한다. 그러한 규범에 비하면 자신은 너무나 초라하게 느껴진다. 부족한 부분을 채우고 결함을 교정해야 한다는 강박관념도 갖게 된다. 그러면서 화장품이나 다이어트 제품을 구입하고, 성형이나 헬스에 더 많은 돈과 시간을 투자하게 된다.

우리가 미용에 투자하는 돈은 어디로 가는가? 당연히 미용산업의 주머니로 들어간다. 그렇게 우리가 미용산업과 주고받는 관계가 서로에게 도움을 주는 상생게임이라면 참으로 좋을 것이다. 외모를 가꾸는 사람들도 그러한 투자를 통해서 아름다움과 기쁨 행복을 얻어야 한다. 미용을 하면서 이전보다 삶의 활력을 더욱 많이 느낀다면 얼마나 좋을까? 그러나 미용에 시간과 돈을 투자하면 투자할수록 이에 비례해서 불행해지는 사람들도 있다. 외모를 가꾸는 데는 한계가 있다. 밤낮으로 열심히 노력한다고 해서 자기가 원하는 이상적인 몸으로 변하는 것은 아니다. 그리고 지나치게 노력하면 거식증이나 폭식증, 신체이형장애와 같은 부작용이 생길 수도 있다. 아름다움보다 중요한

68

것은 기쁨과 행복이다. 그리고 역설적으로 들리겠지만 아름다워지기 위한 비결은 기쁨과 행복에 있다.

외모지상주의 비판이 불러온 역효과

　외모지상주의라는 말에는 긍정적 기능과 부정적 기능이 동시에 존대한다. 그것은 외모 꾸미기에 지나치게 집착하는 현실의 실상을 꼬집어주는 장점이 있다. 잘못된 현실을 지적하고 비판하기 위해서는 그것을 대변해줄 수 있는 언어, 그리고 그것을 중심으로 모여서 소리를 내지르는 구호가 필요하다. 이를테면 '여혐'이나 '갑질'과 같은 용어가 그러한 사회비판적 역할을 훌륭하게 수행하고 있다. 그런데 외모지상주의라는 용어와 이에 대한 비판 담론은 그와 같이 현실을 변화시키는 효과를 거두지 못하고 있다. 이것은 특히 TV와 같은 영상매체에서 두드러지는 특징이다. 어쩌면 그것은 영상매체의 한계인지도 모르겠는데, 외모지상주의를 비판하기 위해서는 아름다운 외모를 보여줄 뿐 아니라, 아름다운 사람과 그렇지 못한 사람에 대한 사회적 편견도 대조해서 보여주어야 한다. 그런데 이러한 대조는 의도치 않게 외모에 대한 관심과 투자를 더욱 조장하는 역효과를 가져오게 된다.

　무엇보다도 외모지상주의라는 용어가 갖는 힘을 무

시할 수 없다. 나는 외모지상주의라는 용어의 의미보다
는 그것의 강도를 지적하고 싶다. 이것을 설명하기 위해
서 미국의 인지과학자 조지 레이코프George Laikoff는 프
레이밍Framing 이론을 제시하였다. 2016년 대선 때 민주
당을 위해 일했던 그는 트럼프의 거친 화법에 주목하였다.
예를 들어 트럼프는 대선 후보자 힐러리를 '사기꾼 힐러리
Crooked Hillary'라고 칭하며 반복적으로 공격하였는데, 진
실과 무관하게 이 욕설이 힐러리에게 사기꾼 프레임을 씌
우는 효과를 톡톡히 거뒀다는 것이다. 그리고 이에 대한
힐러리의 대응은 그러한 프레임을 강화시키는 역할을 했
다고 주장했다. 레이코프에 따르면, 사기꾼이 아니라며 자
신을 옹호하면 할수록 이와는 정반대의 결과, 즉 그러한
프레임에 더욱 갇히는 결과를 가져온다. 사기꾼이 아니라
고 부정하면 할수록 유권자들은 더욱 그녀를 사기꾼으로
생각하게 되는 것이다. 레이코프는 그러한 프레임에 대한
효율적인 대응은 트럼프에게 또 다른 프레임을 씌우는 길
밖에 없다고 주장하였다. 즉, 외모지상주의에 대해 비판하
면 비판할수록 오히려 그러한 프레임을 더욱 강력하게 만
들어준다는 것이다. 비판이 오히려 홍보의 역할을 하는 것
이다.

언젠가 TV에서 외모지상주의를 비판하는 프로그램
을 본 적이 있다. 실험을 통해 그것을 비판하려는 진지한

시도였지만 결과는 프레이밍 효과를 강화시킬 따름이었다. 지하철에 외모가 뛰어난 여성과 그렇지 않은 여성을 투입해서 사람들에게 차비를 빌려달라고 부탁하는 실험이었다. 이미 결과는 예상된 것이었지만, 아무튼 외모에서 높은 점수를 받은 여성이 그렇지 않은 여성에 비해서 두세 갑절 많은 차비를 빌릴 수 있었다. 사람들은 외모를 보고 지갑을 열거나 닫았던 것이다. 이와 비슷한 실험들도 있었다. 두 여성이 유치원에 가서 어린이들이 누구를 더 좋아하는지 살펴보는 것이었다. 이 프로그램의 PD는 심지어 어린아이까지도 외모지상주의에 물든 세태를 비판하고, 외모가 아니라 내면의 아름다움을 강조하고 싶었을 것이다. 그러나 그런 의도와는 정반대의 결과가 나왔다. 시청자들이 자신도 외모를 가꾸지 않으면 지하철과 유치원에서 불이익을 당할 수 있다는 사실을 깨달았기 때문이다. '하지 말라!'는 메시지가 '하라!'는 메시지로 바뀐 셈이다.

내가 이 TV 실험을 소개한 이유는 단순히 프레이밍 효과를 설명하기 위한 것이 아니다. 이러한 실험이 행해지는 상황과 배경, 장치를 점검할 필요가 있다. 무엇보다도 TV라는 매체의 성격에 주목해야 한다. 앞서 책의 표지와 내용을 사람의 외모와 내면의 관계에 비유해보았는데, TV는 실험 참가자의 내면을 보여줄 수가 있었던가? 내면은 잘 드러나지 않는다. 외모는 추했지만 지혜롭기로 유명한 소크라테스의 말 한마디를 듣고서 당대 최고의 미소년 알시비아데스가 경탄을 금치 못했던 현상이 그 실험에서는 일어날 수 없었던 것이다. 일회성으로 보여지는 행동만으로는 그 사람의 내면을 파악할 수 없다. 순간적으로 다가오는 외면과 달리 내면의 진실이 밝혀지기 위해서는 시간이 필요하다. 옆에서 지켜보아야 하는 것이다. 그런데 외모 실험의 환경은 어떠했던가? 유치원이든 전철이든 이 실험에 참가한 사람들에게는 극히 제한된 시간, 순간적 인상만을 포착할 수 있는 짧은 시간이 주어졌다. 스쳐 지나가듯이 짤막한 순간에 우리는 외면밖에 보지 못한다. 이름도 알지 못하는 익명적인 공간에서 만남이 이루어지는 것이다. 따라서 애초의 이러한 실험의 설정 자체가 외모지상주의적이었다고 말해도 과언이 아닐 것이다.

또 하나의 결정적 요인은 실험 참가자들의 인품이나 성격을 파악할 수 있게 만들어주는 삶의 맥락이 완전히 배제되어 있다는 점이다. 우리는 진공 속에서 홀로 개인적인 삶을 살아가지 않는다. 관계의 네트워크 속에서 많은 사람들과 함께 존재한다. 그런데 TV는 이러한 관계로부터 실험자들을 완전히 분리해놓았다. 숲에 살던 새를 잡아서 조롱 속에 넣듯이 실험자들을 일정한 프레임 안에 집어넣었던 것이다. 이러한 실험의 설정 자체가 인간의 내면이 스스로 드러나고 표현될 기회를 앗아갔던 것이다. 이렇게 말

프랑수아 앙드레 빈센트François-André Vincent,
〈소크라테스의 가르침을 받는 알시비아데스〉

외모는 진정한 내면을 드러내주지 못한다

지혜롭기로 유명했던 소크라테스는 동시에 외모가 추한 것으로도 악명이 높았다. 그러나 아름답기로 유명한 미소년 알시비아데스는 소크라테스의 아름다운 내면에 반했다.

할 수 있지 않을까? 조롱 속 새는 진짜 새가 아니다. 날아다닐 수 있는 산과 들을 빼앗긴 새는 진짜 새가 아니다. 그것은 표본실의 청개구리처럼 보여주기 위한 전시용 새이다. TV의 스크린에서 나는 진정한 의미의 내가 아니다. 그것은 나의 외면에 지나지 않는다.

영화나 광고, 패션 잡지와 같은 시각적 장치로 외모지상주의를 비판하는 것은 불가능하다. 그러한 장치는 대상을 시각적 대상으로 환원하지 않으면, 즉 내용을 형식화하지 않으면 작동할 수가 없기 때문이다. 사진 찍기나 비디오 촬영을 생각해보라. 스크린에서 처음으로 자신의 모습을 보는 사람은, 프로이트적 의미에서 기괴한 unheimlich('내밀한', '은밀한'이라는 뜻의 독일어 heimlich에 부정 접두어 un을 붙여 '나와 같지 않다'는 의미에서의 기괴하다는 뜻) 느낌에 사로잡힌다. 분명 나인데heimlich 내가 아닌 듯이 느껴지기에 기괴한 것이다. 내가 타자가 되어 있는 것이다. 막연히 알고 있는 '나'와 사진의 '나'는 일치하지 않는다. '나'는 사진에 담기지 않는다. '찰칵' 하고 사진으로 찍히면서 나의 영혼은 달아나고 그 자리에는 이미지만 남는다. 이러한 존재론적 비일치가 외모지상주의의 근원이다. 예를 들어 폭력배가 우리에게 폭력이 얼마나 나쁜지 설득하려든다고 생각해보라. 그것은 자신이 폭력배라는 사실을 은폐하려는 시도로밖에 보이지 않을 것이다. 그의 이야기에 설득되기는커녕 그러한 시도가 또 하나의 폭력이 되어버릴 것이다. 따라서 시각적 방법으로 외모지상주의를 비판하는 것은 불가능하다.

시각문화의 반대는 문자문화, 혹은 구전문화이다. 시각문화는 이미지를 통해서 문자문화는 언어를 통해서 외모를 재현한다. '사과 같은 내 얼굴'이라는 제목의 동요가 있다. '사과 같은 내 얼굴 이쁘기도 하구나. 눈도 반짝 코도 반짝 입도 반짝반짝.' 이 가사에서 우리는 예쁜 얼굴의 형상이 사과와 비슷하다고 사실주의적으로 생각하면 안 된다. 사과는 얼굴의 구체적 형상에 대해서 아무것도 말해주지 않는다. 사과처럼 동그란 얼굴이 아름다운가? 사과처럼 볼이 빨간 사람이 아름다운가? 그렇지 않다. 사과는 새콤달콤하게 맛이 있으며 반짝반짝 빛나는 껍질이 예쁘게 보인다. 우리는 사과에 대해서 이러한 긍정적 정서와 공감대를 가지고 있다. 중요한 것은 사과의 모양이 아니라 이러한 정서이다. 때문에 사과가 아니라 복숭아나 살구처럼 예쁘다고 말해도 괜찮다. 사과와 같은 얼굴은 없지도 않고 있지도 않다. 이러한 이유로 누구나 '사과 같은 내 얼굴'의 주인공이 될 수 있다. 좋아하는 사람의 얼굴이 사과 같은 얼굴이고 예쁜 얼굴이다. 아름다움은 그의 얼굴이 아니라 내가 좋아하는 감정에 있다. 그래서 사람마다 자기가 떠올리는 사과 같은 얼굴은 다 다르다. 프랑스 사람이라면 '사과 같은' 얼굴에서 프랑스 사람의 얼굴을, 아프리카 사람이라면 아프리카 사람의 얼굴을 떠올릴 것이다.

그러나 시각문화에서 외모는 사과처럼 묘사되지 않는다. 사과라는 말을 듣고 우리가 사과의 모습을 상상하지 않으면 아무것도 아니지만, 사과의 그림은 그러한 상상이 필요 없다. 영상 이미지나 사진으로 직접 실물이 제시되는 것이다. 아름다움이 비유적으로 묘사되는 것이 아니라 직접적으로 보이는 것이다. 그래서 객관적인 비교와 대조도 가능하다. 그래서 "나는 사과처럼 예쁘다"고 말하는 것은 가능하지만 "나는 배우 누구누구처럼 예쁘다"고 말하는 것은 불가능하다. 달리 말해서 문자문화에서는 우리 모두가 다 아름다울 수 있다. 그러나 시각문화에서는 소수의 사람들만이 아름답다.

소크라테스와 알시비아데스. 지혜롭기로 유명했던 소크라테스는 동시에 외모의 추함으로도 악명이 높았다. 그는 들창코에 퉁방울눈을 하고 키도 작은데 배는 올챙이배였다. 반면에 알시비아데스는 고대 아테네에서 아름답기로 유명한 미소년이었다. 그럼에도 불구하고 그는 소크라테스의 아름다움에 반하였다. 지혜롭고 훌륭하다고 생각하면 추한 사람도 아름답게 보인다. 바라보는 관점과 스키마에 따라서 미와 추의 판단이 달라질 수가 있는 것이다.

④

내면 들여다보기

표면과 내면

외모의 반대는 내면이라는 사실에서 출발하기로 하자. 몸과 외모는 동일하지 않다. 몸에는 보이지 않는 내면이 있다. 내면은 마음을 의미하기도 하는 한편 뼈와 피, 장기도 보이지 않는 내면이다. 이와 같이 몸은 보임과 보이지 않음의 이중성을 특징으로 한다. 우리는 보이면서 보이지 않고, 보이지 않으면서 보이는 존재이다. 이것은 타인과의 관계에서도 마찬가지이다. 우리는 타인을 보면서 또한 타인에게 보인다. 타인을 보는 나는 역으로 타인에게 외모로 보인다.

외모는 나와 타인의 관계를 전제로 한다. 나를 보는 타인이 없으면 외모도 없다. 외모는 타인의 눈빛에 의해 만들어진 내 그림자이다. 눈빛이 꺼지면 내 외모도 동시에 사라진다. 타인이 부재하는 공간에서 내 몸은 '…… 할 수 있는 능력'이다. 몸이 있기 때문에 나는 먹고 마시며 책을 읽고 글을 쓸 수도 있다. 이때 몸은 나이다. 몸과 나를 구분할 수가 없는 것이다. 그러나 타인이 출현하는 순간에 나는 보는 나(주체, 의식)와 보이는 나(대상, 외모)로 분리된다. 그는 먹고 마시고 책을 읽는 내 몸을 본다. 나를 보는 것이 아니라 내 몸을 본다.

보는 행위는 단순하지 않다. 눈이 있어도 보지 못한다는 말이 있다. 반대로 아는 만큼 본다는 말도 있다. 두 눈을 크게 뜨고 보면서도 자신이 보는 대상이 무엇인지 모를 수 있다. 이것은 인류학자들이 즐겨 다루는 주제이다. 혐오식품이라는 용어도 있지만 우리에게 맛있게 보이는 음식이 다른 사람에게는 혐오스럽게 보일 수 있다. 그리고 똑같은 대상도 각도와 횟수에 따라서 다르게 보일 수가 있다. 외모에 관한 우리의 논의를 위해서 처음 보는 것과 두 번째 보는 것의 차이만 언급하기로 하자. 구한말에 생전 처음으로 푸른 눈의 서양인을 본 조선인들은 크게 당황하였다. 자기와 똑같은 사람인지 아닌지도 짐작할 수 없어서 그의 살을 꼬집어보기도 했다. 나중에서야 그가 서양인이라는 사실을 알고 나서 적잖이 안심할 수 있었다. 처음에는 모르고 보았던 사람들을 나중에는 알고 볼 수 있게 된 것이다. 이때 처음의 봄은 지각cognition 행위에, 그다음의 봄은 인식recognition 행위에 해당한다.

　　타인과 만나는 자리에서 지각과 인식은 엄청난 차이를 가진다. 전혀 몰랐던 사람도 다시 만나면 '아는' 사람이 된다. 인식 행위는 타인의 몸 표면에 그치지 않는다. 내가 아는 사람이라는 의미가 표면에 각인되기 때문이다. 얘기를 나누고서 그가 재치 있는 사람이라는 사실을 발견했을 수 있다. 이전에 보이지 않던, 즉 그의 내면에 숨어 있던 재치가 새삼 눈에 들어온 것이다. 그러면서 나는 그를 재치 있는 사람으로 바라보기 시작한다. 이때 재치를 그의 외면이라고 해야 옳을까? 아니면 내면이라고 해야 옳을까? 적어도 나에게는 외면이라고 말해야 옳은 듯이 보인다.

지각과 인식의 차이를 가장 잘 보여주는 것은 글씨이다. 고대 페르시아의 설형문자를 예로 들어보자. 이 문자에 대해 아무런 사전 지식이 없는 나는 내가 보는 것이 글자인지 낙서인지 그림인지 알 수가 없다. 검은 것은 글자이고 흰 것은 종이라고 짐작할 따름이다. 혹은 그러한 짐작조차도 할 수 없을지 모른다. 아무튼 나는 아는 지식에 의존해서 모르는 대상의 정체를 유추하기 시작할 것이다. 조선 말기에 서양인을 처음 만났던 조선인들이 그러하였다. 그들은 사람이라면 모름지기 자기네들처럼 생겨야 한다는 무의식적인 선입관을 가지고 서양인을 보았다. 외모가 자신과 비슷하면 사람이고 그렇지 않으면 괴물이나 기형이라고 생각했다. 즉, 자민족중심주의적이었다. 이 점에서 순수한 지각이란 불가능하다고 할 수 있다.

낯선 문자가 언어처럼 보이지 않듯이 아주 낯선 사람도 사람처럼 보이지 않을 수 있다. 적어도 쉽게 호감이 가지는 않는다. 여기에서 '사람'이라는 것이 대단히 특별한 의미는 아니고 나와 함께 대등한 자격으로 대화를 나누고 일도 같이 할 수 있는 동료로 이해하면 된다. 달리 말해서 그는 지각의 대상으로서 낯선 표면이 아니라 내가 이미 알고 있는 내면을 갖추고 있는 자, 즉 인격체이다. 그도 내가 속한 사회의 구성원인 것이다.

만약 보이는 외모가 없으면 타인과 나를 식별할 수 없다. 이 점에서 외모는 정체성이다. 그것은 한편으로 개인적이면서 또 다른 한편으로는 사회적이고, 차이와 동일성을 동시에 보장해준다. 나는 친구와 외모가 다르기 때문에 나 개인이지만 그와 외모가 비슷하기 때문에 같은 공동체의 일원이다. 너무나 똑같아도, 너무나 달라도 바람직하지 않다. 부족과 부족 사이에 교류가 없었던 원시 사회에서는 처음 보는 사람의 경우에도 외모를 통해서 적인지 아닌지 구분할 수 있었다. 자신을 타부족민과 착각하지 않도록 얼굴이나 몸에 큼직한 문신을 각인했던 이유였다. 신분 사회에서는 의복이 그러한 역할을 하였다.

문신이나 의복은 외모의 애매모호성을 반증한다. 너와 나, 그의 차이가 외모로 분명하게 드러나지 않기 때문에 문신이나 의복 같은 보조 장치가 필요하다. 그것은 물건에 붙여놓는 상품명이나 가격표와 마찬가지의 역할을 한다. 값싸게 보이는 물건에 찍힌 엄청난 가격을 보고서 놀라는 경우를 생각해보라. 곤룡포를 입지 않은 왕은 왕처럼 보이지 않는다. 몸(외모)과 몸의 사회적 의미가 일치하지 않는 것이다. 만일 왕이 왕처럼 보이고 신하는 신하처럼 보인다면 의복으로 차이를 표시할 이유가 없었을 것이다.

원칙적으로 외모는 시각적으로 보이는 표면이다. 물론 외모가 전부는 아니다. 그러나 외모를 거치지 않고서는 내면에 이를 수가 없다. 그리고 영원히 닿을 수 없는 내면의 깊이라는 것은 존재하지 않는다. 이 점에서 내면은 잠재적 외모, 깊이는 잠재적 표면이다. 마음이나 영혼도 마찬가지이다. 마음은 외모와 본질적으로 다른 실체가 아니라 아직 겉으로 드러나지 않은 외모일 따름이다. 한글을 모르는 사람에게 한글은 검은 잉크, 즉 물질적 표면에 지나지 않는다. 그러나 한글 사용자는 한글을 처음 접하는 낯선 언어처럼 물질적 표면으로 볼 수가 없다. 노력하지 않더라도 검은 잉크 자국이 보이는 것이 아니라 의미가 읽히기 때문이다. 예외는 있기는 하다. 읽을 수 없을 정도의 악필은 읽히는 것이 아니라 보인다.

미녀란 무엇인가: 중국의 사대미인

경국지색傾國之色이라는 사자성어를 들어봤을 것이다. 중국 한무제의 사랑을 독차지했던 후궁 이부인에 관한 이야기이다. 얼마나 아름다웠으면 한 번 뒤돌아보면 성이 무너지고 두 번 뒤돌아보면 나라가 망한다고 했을까? 서양에도 경국지색이 있다. 시저의 사후 로마 황제 자리를 차지하기 위해 옥타비아누스와 경쟁하던 안토니우스가 이

집트의 클레오파트라에게 반해서 헤어 나오지를 못하다 악티움해전에서 패배했다. 만약에 그녀와 사랑에 빠지지 않았더라면 안토니우스는 로마제국의 황제가 될 수도 있었을 것이다. 오죽했으면 파스칼이 그녀의 코가 1인치만 낮았어도 인류의 역사가 바뀌었을 것이라고 말했을까?

아름다움의 치명적인 매력은 영화의 단골메뉴이기도 하다. 아름다운 여자를 차지하기 위해서 손에 피를 묻히는 남자들이 있는가 하면, 그녀의 환심을 사기 위해서 모든 재산을 갖다 바치고 패가망신하는 남자들도 있다. 스콧 피츠제럴드의 게츠비는 오로지 데이지를 다시 만나기 위한 일념으로 미친 듯이 돈을 벌어서 궁전처럼 으리으리한 저택을 지어놓고 그녀를 기다렸다.

왜 우리는 이러한 이야기를 좋아할까? 경국지색이라니! 클레오파트라의 코라니! 왜 우리는 치명적인 매력에 대해 이야기하기를 좋아할까? 아름다움에는 아무리 발버둥쳐도 헤어나올 수 없는 엄청난 마력이 있다고 생각하는 것일까? 그리고 아름다움을 과장하지 못해서 안달일까? 중국의 사대미인을 생각해보자. 춘추전국시대의 유명한 미녀 서시는 침어侵漁라는 예명을, 여포의 애첩이었던 초선은 폐월閉月이라는 예명을 가지고 있었다. 얼마나 서시가 아름다웠으면 심지어 연못에 있던 물고기도 물에 비친 그녀의 미모에 너무나 놀라서 헤엄치는 걸 잊고 물에 가라

앉았을까. 초선의 아름다움은 어떠한가. 달님이 초선의 아름다움을 보고서는 당황하고 부끄러운 나머지 구름 속에 얼굴을 가렸다고 한다. 물고기와 달까지 아름다움에 반하다니! 양귀비와 능소군에 대해서는 더 이상 이야기하지 않겠다.

요즘에는 연예인의 아름다움을 과장하는 것이 대세이다. 갑자기 빛이 나서 뒤돌아보았더니 연예인 누구누구가 있었다는 말이 그러한 예의 하나이다. 아름다움이 태양에 비유되는 것이다. '방부제 미모'니 '끝판왕'이니 '극강 여신'이니 '미친 미모'니 '외모 천재'라는 말들도 자주 접할 수 있다. 여자 연예인에 대해서만 그런 것은 아니다. 꽃미남의 유행은 이미 2000년도 초반에 시작된 듯이 보인다. 그리고 요즈음에는 과거에 여성이 독점했던 미모라는 수식어구가 남자 연예인에게도 적용되고 있다. 드라마 〈사랑의 불시착〉에서 시청자들을 사로잡았던 것은 여주인공이 아니라 남자 주인공 현빈이었다.

이와 같이 연예인의 아름다움에 대한 과장된 이야기를 듣고 있으면 과거에 신들이 차지했던 자리를 요즈음에는 연예인들이 채우고 있는 듯이 보인다. 신은 우리의 이성과 오감을 마비시킬 정도로 압도적인 존재로 묘사된다. 《성경》에 따르면 인간은 살아서 하느님의 얼굴을 직접 볼 수 없다. 벼락과 번개보다 수천 배나 위력적인 신의 광채를 견딜 수 없기 때문이다. 현대에는 오로지 연예인만이 그러한 엄청난 존재감을 내뿜는 듯이 보인다. 하나의 일화를 소개하기로 한다. 천주교 신자 몇몇이 카페에서 커피를 마시며 아들과 딸 자랑을 하고 있었다. 그중에 한 명이 먼저 운을 뗐다. 내 아들은 신부인데 그 애가 나타나면 사람들은 'Father'라고 부른다고 자랑했다. 그러자 다른 사람들도 이구동성으로 자기 아들이 주교이며 추기경이라고 자랑을 했다. 주교가 나타나면 사람들은 'Your Grace'라고, 추기경이 나타나면 'Your Eminence'라고 부르며 경의를 표한다는 것이다. 가만히 듣고 있던 마지막 한 사람이 입을 열었다. "나는 38-24-36 몸매를 가진 딸이 있는데 그 애가 나타나면 사람들은 'Oh, My God'이라고 외친답니다." 사람들은 주교나 추기경이 나타나도 대수롭지 않게 생각한다. 그런데 갑자기 미란다 커가 그들 앞에 나타났다고 생각을 해보라. 아름다움은 무시할 수 없는 후광을 발휘한다.

다시 질문을 하기로 하자. 왜 우리는 아름다움이 국가를 전복시킬 정도로 위력이 있다고 생각하고 싶어 할까? 그러한 미인이 있다는 것이 아니다. 있다고 믿고 싶어 하는 것이다. 왜 우리는 아름다운 연예인은 눈이 부셔서 쳐다볼 수 없을 정도라고 말하기를 좋아하는 것일까? 물론 이러한 표현은 '백발이 삼천 장'과 같은 의미에서의 과장법이다. 아름다운 미인을 보면 심장이 쿵 내려앉을 수 있다. 여기에 과장을 보태면 성이 무너지고 국가가 스러진 다는 표현으로 발전할 수 있다. 군계일학群鷄一鶴이라는 사자성어도 있지만 유난히 아름다운 여성을 조금 더 과장해서 선녀나 여신이라고 부를 수도 있다. 그런데 문제는, 왜 우리가 그렇게 과장하기를 좋아하느냐는 것이다.

서정주의 〈봄〉이라는 시에서 답을 찾을 수 있다. 짧은 시이기 때문에 전문을 인용하겠다. '복사꽃 피고, 복사꽃 지고, 뱀이 눈뜨고, 초록제비 무쳐오는 하늬바람 우에 혼령 있는 하눌이어, 피가 잘 돌아… 아무 병도 없으면 가시내야. 슬픈 일 좀 슬픈 일 좀, 있어야겠다.' 이 시의 주제가 봄이라는 점을 상기하기로 하자. 겨울에 얼어붙어 있던 동식물들이 기지개를 켜면서 깨어나기 시작하는 계절이 봄이다. 세상은 아름답고 평화롭기만 하다. 봄날의 나른한 기운(춘곤)에 졸음이 온다. 이럴 때 갑자기 천둥이 치거나 포성이 들리면 졸음은 온데간데 없이 달아나고 온몸의 근육이 팽팽하게 긴장하기 시작한다. 아무 일 없이 너무나 태평하면 몸이 늘어지고 활기를 잃을 수 있다. 이럴 때 양치기 소년이 "늑대가 나타났다!"라고 외쳐도 괜찮을 것이다. 뭔가 '슬픈 일'은 강장제가 될 것이다.

우리의 일상은 어떠한가. 한마디로 일상은 틀에 박혀 있다. 등교와 하교, 출근과 퇴근과 같이 틀에 박힌 시간, 중

간고사, 기말고사, 대학시험, 자격증시험 등으로 틀에 박힌 일정도 있다. 우리의 삶은 이러한 질서에서 크게 벗어나지 않는다. 우리가 죽고 죽이는 폭력영화를 좋아하는 이유 중 하나도 그러한 틀에 박힌 일상으로부터 일탈의 기회를 제공하기 때문이다. 화끈한 영화로 삶에 활기와 흥미를 불어넣는 것이다. 어쩌면 연예인들의 외모를 과장하는 것이 그런 재미 중 하나일지도 모른다. 인터넷의 기사나 댓글들을 보라. 매일 인터넷으로 여신이 강림해서 빛을 발하면서 우리의 시선을 강탈한다. 여기에 '동안 끝판왕'이 있는가 하면, 저기에는 '독보적인 여신'과 '일상이 화보'인 '안구정화 비주얼'들이 있다.

외모에 대한 이러한 과장된 표현들은 일상의 무료함을 날리기 위한 놀이들이다. "늑대가 나타났다!"가 "여신이 나타났다!"로 바뀐 것이다. 친구들과 만나서 얘기를 하다가 기분 전환으로 꺼내들 수 있는 카드이다. 연예인들이 아름답지 않다고 말하려는 것은 아니다. 물론 아름답다. 그러나 과장을 진담으로 착각하지는 말아야 한다. '자체발광'이라는 말의 진위를 확인하기 위해서 방송국으로 달려갈 필요는 없다. '안구 정화의 비주얼'이라는 연예인을 보고 안과병원으로 달려가서 시력을 잴 필요는 없다. 과장법은 그저 재미일 뿐이다.

나라를 무너뜨릴 정도의 미모라는 것은 신화에 지나

지 않는다. 클레오파트라의 코도 신화임은 두말할 나위가 없다. 중국의 사대미인도 마찬가지이다. 양귀비나 초선, 왕소군, 서시는 물론 외모가 아름다운 여인이었음에 틀림이 없다. 그럼에도 그들이 살았던 시대에 가장 아름다움이 뛰어난 여인이었다고 생각하면 안 된다. 그 당시에 그들보다 아름다운 여인들도 적지 않았을 것이다. 미인을 평가하기로 유명했던 청나라 시대의 이어李漁(1611~1680년)는 "하얀 피부, 흑백이 분명한 눈동자, 검은 눈썹, 작고 하얀 부드러운 손, 작은 발을 미인의 조건으로 꼽았다."* 예외적으로 아름다운 여성만이 이러한 기준을 만족시키는 것은 아니다. 먹고살기 위해 일하지 않아도 되는 부유한 집안의 여자들은 대부분 하얀 피부와 작은 발을 가지고 있었을 것이다. 혹은 화류계 여인들도 그러했을 것이다. 그러나 뙤약볕에 얼굴을 내놓고 온종일 논밭에서 일하는 평민 여성들에게는 그러한 특권이 허용되지 않았다. 일하지 않는 여성만이 아름다울 수 있었던 것이다.

경국지색의 미인으로 불리는 이유를 외모에서 찾으면 안 된다. 그들의 얼굴과 외모를 아무리 오래 들여다봐도 경국지색이 보이지 않는다. 그들이 중국을 대표하는 미

* 　민주식, 「미인상을 통해 본 미의 유형-수신미(瘦身美)와 풍만미(豊滿美)를 중심으로」, 《미술사학보》 (25), 2005, 5-40. 9.

인이 된 이유는 다른 데서 찾아야 한다. 어떤 왕이나 장군이 그녀를 사랑한 것으로 충분하지 않다. 거창한 스펙터클이나 극적인 반전, 음모와 권력의 암투 등이 있어야 한다. 막장 드라마의 요소가 가미되면 더욱 좋을 것이다. 중요한 것은 양귀비의 미모가 아니라 이야깃감이다. 양귀비를 보자. 그녀는 당현종의 아들과 결혼한 몸이면서도 시아버지를 유혹해서 귀빈이 되었다. 부자와 잠자리를 같이한 것이다. 안록산의 난이 없었더라면 양귀비는 사대미인에 끼지 못했을 수도 있다. 안녹산의 난이 양귀비의 명성에 화룡점정을 찍었던 것이다.

양귀비가 단지 아름답다는 이유로 사대미인의 반열에 올랐던 것이 아니다. 양귀비가 한눈팔지 않고 현종의 아들 수왕과 결혼해서 행복하게 살았더라면 그녀의 미모가 인구에 회자되지는 않았을 것이다. 그녀의 악행과 스캔들이 그녀를 천하제일의 미녀로 만들어주었다. 그녀가 아들과 아버지를 가리지 않고 유혹하였기 때문에, 그것으로도 모자라서 안녹산과도 사통했기 때문에, 권력과 탐욕의 화신이었기 때문에, 나중에는 피난길에 현종의 신하에 의해 죽임을 당했기 때문에, 이러한 일화들이 그녀를 더욱 아름다운 여성으로 승격시켰다. 스캔들과 잡음이 없으면 아무리 대단한 미인이라도 명성을 얻지 못한다.

아름다움은 스토리텔링이다. 이것을 단순노출효과

mere-exposure effect라는 심리학적 개념으로 설명할 수 있다. 사람들은 낯선 것보다는 친근한 것, 익숙한 것, 많이 보고 들은 것을 선호한다는 것이다. 친근함 원리familiarity principle로 불리기도 한다. 이러한 효과를 잘 이용하는 것이 광고이다. 소비자는 광고에서 많이 보았던 상품을 선택하게 된다. 외모도 마찬가지이다. 사람들은 과거에 본 적이 없는 낯선 사람들보다 많이 보았던 사람들을 더 아름답게 여기는 경향이 있다. 당연한 말이 되겠지만 타민족보다는 자민족을 더욱 좋아하는 것이다.

아름다운 것으로 충분하지 않다. 아름답다고 동네방네 소문을 내야 한다. 소문이 나면 더욱더 아름답고 매력적으로 보인다. 그녀를 짝사랑한 남자가 절망한 나머지 강물에 몸을 던지는 등의 사건이 더해지면 그녀의 아름다움은 치명적이 된다. 그녀의 몸에 한 남자를 자살로 이끄는 마력이 내재하는 듯이 느껴진다. 양비귀의 미모에도 한 나라의 운명이 달려 있는 듯이 느껴진다. 스토리텔링이 없으면 아름다움은 평범한 것이 된다. 물론 아름다움의 스토리텔링을 주도하는 것은 기자들이다. 브라운 신부가 주인공인 탐정소설의 저자 체스터튼G. K. Chesterton의 다음과 같은 말은 인용할 필요가 있다. "기자들이 '그의 미소는 정말 매력적이었다' 혹은 '그의 턱시도가 훌륭했다' 등으로 보도를 하는 한, 청부살인업자조차도 패션리더쯤으로 받아

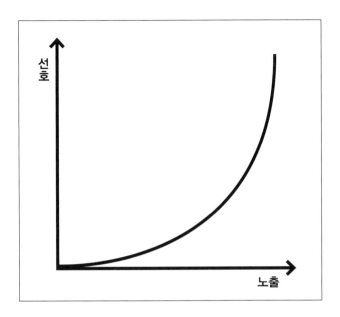

친근함의 원리

많이 노출될수록 선호도는 올라간다. 사람들은 낯선 것보다는 친근한 것, 익숙한 것, 많이 보고 들은 것을 선호한다.

들여지는 감상적이고 이성적이지 못한 우상숭배 분위기가 만연해 있었으니까."[*]

　그런데 흥미로운 것은, 정작 그런 아름다움의 신화를 만들었던 우리가 그것이 사실이라고 믿는다는 점이다. '믿고 싶어 한다'가 '믿는다'로, 환상이 사실로 바뀌는 것이다. 대단한 미인은 국가를 무너뜨릴 힘이 있다고 믿는 것이다. 그래서 우리는 처참하고 끔찍했던 트로이전쟁의 원인이 헬렌의 미모 때문이라고 믿는다. 그녀가 아름답지 않았더라면 트로이전쟁도 발발하지 않았을 것이라고 믿는다. 아름다움은 날벼락처럼 거부할 수 없는 힘이라고 믿는 것이다. 이러한 믿음의 심리는, 이것저것 계산하고 따지는 평범한 소시민적 삶으로부터 도피하고 싶은 심리와 다름없다. 한용운의 〈님의 침묵〉에 나오는 한 구절처럼 '향기로운 님의 말소리에 귀 먹고, 꽃다운 님의 얼굴에 눈멀'고 싶은 충동이 우리 마음의 밑바닥에서 꿈틀거리고 있는 것이다. 눈이 멀고 귀가 멀면 우리는 혼자서 살아갈 수가 없다. 엄마 품에 안긴 어린이처럼 모든 것을 그녀에게 맡기고 그녀에게 의지해야 한다. 생각하고 고민하고 따지면서 살 필요가 없다. 모든 것은 그녀가 다 알아서 해결할 것이다. 아름다움의 종교가 탄생하는 것이다. 신에게 귀의하듯이 아름

---

[*]　G. K. 체스터튼, 《스캔들》, 이수현 옮김, 북하우스 (2002), 77쪽.

다움의 종교에 귀의하고 싶은 것이다.*

아름다움이 나라를 좌지우지한다면 참으로 난감할 것이다. 정치가 무의미해지기 때문이다. 미친 외모의 여신이 토론과 논쟁의 이유를 무용지물로 만들기 때문이다. 미모는 그 자체가 증명이기 때문에 설명이 필요하지 않다. 동물의 세계가 펼쳐지는 것이다.

아름다우면 성공하는가?

사대미인 이야기가 나온 김에 독자에게 묻고 싶은 질문이 있다. 소원에 관한 것이다. 우리에게는 소원을 비는 날이 있다. 정월대보름에는 부럼과 오곡밥, 귀밝이술 등을 먹으며 건강과 소원을 빈다. 생일날에는 케이크에 꽂힌 촛불을 입으로 불어 끄며 소원을 빈다. 그래서 독자의 소원이 무엇이냐고 묻고 싶다. 여러분은 무엇을 원하는가? 미

---

*　각 스타의 발밑에 하나의 예배당, 하나의 클럽이 자연스럽게 형성된다. 어떤 것은 커져서 대성상이 된다. 미국에서는 교회가 대성지인 랄리오드를 정기적으로 순례한다. 영화제는, 스타가 친히 자신의 개선식에 강림하는 신의 대축제이다. 그때에는 열정이 열광으로, 숭배는 광희로 바뀐다. 잡지, 사진, 팬레터, 클럽, 순례, 의식, 영화제, 이것들은 스타 숭배의 기본적 제도이다.-에드가 모랭, 《스타》, 이상률 옮김, 문예출판사 (1992), 98쪽.

남이나 미녀가 되고 싶은가? 명예를 얻거나 돈을 많이 벌고 싶은가? 나의 질문은 이렇다. 여러분이 행복과 아름다움 가운데 하나를 선택할 수 있다면 무엇을 택하겠는가?

외모지상주의 사회에서는 아름답기만 하면 행복도 저절로 따라온다고 생각할 수 있다. 분명 이렇게 생각하는 사람들이 있다. 우리가 잘 알고 있는 유명인 대부분은 정치인이나 학자, 작가들이 아니라 아름다운 연예인들이다. 걸그룹, 보이그룹, 아이돌, 영화배우 등 아는 이름을 대라면 친구의 숫자보다 더욱 많을 것이다. 이들은 얼마나 부유하고 화려한 생활을 하는가. 스포트라이트를 받으며 레드카펫을 걷고 포토라인에 서서 미소 짓는 이들을 보면 딴 세상의 사람들 같다. 외모가 자본이다. 늘씬하고 몸매 좋은 모델과 배우들은 걸어 다니는 기업이다. 2019년에 〈포브스〉가 발표한 자료에 따르면 미란다 커는 67억 원, 지지 하디드는 100억, 지젤 번천은 340억의 수입을 올렸다.* 평생 번 돈이 아니라 한 해 동안에 올린 수입의 액수이다. 만약 선택의 기회가 주어진다면 그러한 모델로 태어나고 싶은 사람들도 적지 않을 것이다.

돈과 명예는 논외로 하더라도 우리는 아름답고 매력

---

* 기사 「지젤 번천, 341억 원 벌어 14년째 모델 수입 1위」-〈문화일보〉 2016년 8월 31일 게재.

적인 사람이 그렇지 않은 사람보다 훨씬 행복하리라고 생각한다. 생각만 해도 짜릿하지 않은가. 내가 걸어가는 모습을 보고 사람들이 시선을 떼지 못한다면, 나를 보는 사람은 누구나 내 매력에 압도된다면 얼마나 좋겠는가. 그러나 그런 멋진 행운은 우리에게 찾아오지 않는다. 그래서 꿈이라도 꾸자 하는 심정으로 〈외모지상주의〉나 〈얼굴천재〉와 같은 웹툰을 보며 대리만족을 하기도 한다. 〈얼굴천재〉의 주인공은 키도 작고 얼굴은 무난한 찌질이이다. 그래서 매사에 자신감이 없다. 좋아하는 여학생에게 말 한마디 붙여보지를 못한다. 자기와 같은 찌질이는 여자들에게 인기가 없다는 사실을 잘 알고 있기 때문이다. 그러한 그에게 어느 날 기적이 일어난다. 갑자기 아이돌 같은 꽃미남으로 변한 것이다. 거울에 비친 자신의 모습을 처음에는 믿을 수가 없었다. 그러나 곧 자신을 바라보는 세상의 눈빛이 완전히 달라진 것을 깨닫는다. 그전에는 눈길 한번 주지 않았던 세상이 이제는 그에게 잘 보이기 위해서 안달하는 것이다.

이처럼 외모가 매력적인 사람은 어디를 가든 환영을 받는다. 데이트나 결혼, 취업, 승진 등에서도 유리하다. 외모도 스펙이라는 말은 빈말이 아니다. 영국 사회학자 캐서린 하킴Catherine Hakim은 《매력 자본: 매력을 무기로 성공을 이룬 사람들Honey Money: The Power of Erotic Capital》

에서 아름다운 얼굴과 섹시한 몸, 사교술, 우아한 패션 등을 매력 자본이라고 불렀다. '아름답고 섹시한 사람들이 연봉을 20%나 더 받고 백만장자와 결혼할 가능성이 더 높다.'* 아름다움은 돈이 된다는 것이다. 미국 텍사스대학 경제학 교수 대니얼 해머메시도 《미인 경제학: 아름다운 사람이 더 성공하는 이유》에서 같은 주장을 했다. 외모가 고용과 급여에 미치는 영향을 오랫동안 연구한 저자는 자신의 연구에 미모 경제학Pulchronomics이라는 이름을 붙였다. 그에 따르면 '얼굴이 평균보다 못생긴 남자는 평균 이상으로 잘생긴 남자에 비해 급여가 17% 더 적었다. 미모가 떨어지는 여자는 평균 이상으로 예쁜 여자보다 급여가 12% 더 낮았다.'** 사실 이러한 그의 주장은 전혀 새로운 것이 아니다. 이미 오래전부터 매력적인 사람이 취업이나 연봉, 승진 등에서 유리하다는 연구 자료들이 많이 제시되었기 때문이다. 흥미로운 것은, 저자가 외모의 아름다움을 분류하는 방식이었다. 다섯 개의 범주로 분류한 다음, 이에 해당하는 인구의 비율도 제시하였다. 그가 조사한 2,774명(여자 1,495명, 남자 1,279명) 가운데 굉장한 아

---

*   기사 「[서평] 매력 자본… 아름다움을 어떻게 팔 것인가」-〈매일경제〉 2013년 3월 11일 게재.

**   기사 「진짜 '얼굴값' 한다… 예쁘면 급여 10%이상 더 높아」-〈머니투데이〉 2011년 8월 31일 게재.

름다움strikingly handsome or beautiful은 2.5%, 아름다움 good-looking은 29%, 보통average looks은 55%, 평범quite plain은 15%, 못생김homely은 1.5%라는 것이다.

외모와 사회적 성공 사이에는 유의미한 상관관계가 있다. 우리가 아무 이유 없이 외모를 가꾸고 성형을 하고 다이어트를 하는 것이 아니다. 외모는 실용적이며 경제적인 가치를 지니고 있다. 외모에 시간과 돈을 투자하는 것은 합리적인 투자인 것이다. 럼블피쉬의 'I Go'라는 노래에 다음과 같은 가사가 있다. '얼굴 잠깐이야. 맘 이쁜 게 최고지. 어른들은 항상 그렇게들 말하지. 그 말만 철썩 믿고 마음만 가꿨더니 아이고.' 어른의 말을 믿고 마음만을 가꿨던 화자가 그렇지 않은 세상을 보고서 불평하는 대목이다. 세상은 마음이 아니라 외모만을 본다는 것이다. 그러나 좋든 싫든 그러한 세태를 거부할 수는 없다고 가사는 말한다.

그런데 유의미한 상관관계의 의미를 올바로 이해해야 한다. 하킴과 해머메시가 제시한 자료는 통계에 근거한 것이었다. 세상에는 무수히 많은 직업과 일이 있다. 모든 직종에서 얼굴이 잘생긴 남자는 그렇지 않은 남자에 비해 급여가 17% 더 높은 것이 아니다. 많은 고객을 상대하는 서비스업에서는 급여의 차이가 17%보다 더욱 크다. 특히 키가 크고 이목구비가 수려한 백화점이나 음식점의 매니저들이 받는 혜택은 대단한 것이었다. 그러나 혼자서 연구하는 전문직종에서는 매력적인 사람과 그렇지 않은 사람 사이에 급여의 차이가 거의 없었다.

그렇다면 교수와 같은 전문직은 어떠할까? 교수는 오랫동안 한 분야를 전문적으로 연구하는 사람들이다. 세일즈를 하거나 고객을 상대하지 않고 대부분의 시간을 연구실에서 혼자 지내는 사람들이다. 외모로 자신을 증명하는 것이 아니라 연구 결과로 자신의 능력을 증명하는 사람들이다. 외모와 연구력 사이에는 아무런 상관관계가 없다. 외모가 뛰어나게 아름다운 사람들은 굳이 연구직을 선택할 이유가 없는 것이다. 아이돌처럼 생긴 사람은 교수하기에는 얼굴이 아깝다는 생각도 든다. 대니얼 해머메시에 따르면, 바로 이러한 이유 때문에 교수들의 외모는 다른 직종에 비해 평균치에 미치지 못하였다. 그는 학생들에게 교수 94명의 사진을 보여주면서 외모를 평가하게 했다. 대부분 10점 만점 가운데 5점, 혹은 그 이하의 점수를 받았다. 그렇게 낮은 점수를 준 이유를 물었더니 한 학생이 "교수들은 진짜로 못생겼잖아요"라고 대답했다.

전문직종에서는 뛰어난 외모가 오히려 성공에 불리하게 작용하기도 한다. 잡지 〈미즈Ms〉를 창간했고 1970년대에 미국의 페미니즘을 주도했던 글로리아 스타이넘 Gloria Steinem은 눈이 번쩍 뜨일 만큼 외모가 아름다운 여성이었다. 그런 외모 때문에 불이익도 많이 받았다. 그녀가 말을 하면 사람들은 그녀의 말에 귀를 기울이지 않고 얼굴만 바라보았다고 한다. 그녀의 말이 아니라 얼굴에 집중한다는 것이다. 그리고 그렇게 아름다운 여성이 페미니스트일 수가 없다는 편견을 가지고 그녀를 대했다고 한다. 껍데기만 페미니스트라는 것이다. 그래서 자신이 페미니스트라는 사실을 설득하기 위해서 애를 많이 먹었다고 한다.

오랜 시간의 노력이 요구되는 직종에서는 아름다움과 성공은 아무런 관계가 없다. 이것은 아름다움과 행복의 관계에서도 마찬가지이다. 아름답다고 해서 더욱 행복해지는 않는다. 앞서 말했듯이 행복한 사람이 아름답게 보인다. 행복한 사람들은 외모를 포함해서 자기 자신이 가지고 있는 것에 만족하는 사람들이다. 만족한 사람의 표정은 자신에 대한 불만으로 가득 찬 사람의 표정과 대조적이다. 똑같은 얼굴이라고 해도 표정의 변화에 따라서 매력적으로 보이기도 하고, 그 반대이기도 하다.

⑤

아름다움이란
무엇인가?

우리는 무엇을 보는가?

아름다움이 무엇인가? 아름다움을 정의하기는 참으로 어렵다. 그러나 직접 보면 아름다운지 아닌지 비교적 쉽게 구별할 수 있다. 입으로 설명하기는 어려운데 눈으로 보면 금방 알 수가 있다. 이러한 종류의 앎을 직관이라고 한다. 직관도 지식의 일종이다. 직관과 반대되는 것이 이론적인 지식이다. 3+5=8이다. 이것은 참으로 설명하기가 쉽다. 그러나 3+5=8이라는 사실을 그림으로 보여주기는 어렵다.

우리는 3+5=8이라는 것을 배워서 안다. 숫자도 모르는 사람이 3+5=8이라는 사실을 아는 것은 불가능하다. 그런데 3+5=8은 절대적인 진리일까? 그렇지 않다. 십진법에서만 절대적으로 옳다. 팔진법을 적용하면 3+5=11이 된다. 그리고 디지털의 논리인 이진법에서는 0과 1, 두 개의 신호만을 사용한 1000이다. 이처럼 우리가 절대적이라고 생각하는 지식에도 언제나 전제가 깔려 있다.

아름다움은 어떨까? 배우지 않아도 무엇이 아름다운지 직관적으로 알 수가 있을까? '백문이 불여일견'이라는 격언이 있다. 눈으로 직접 보는 것만큼 확실한 것이 없다는 말이다. 지식의 원형은 시각이었다. 눈이 있는 사람이라면 어떻게 양귀비를 보고서도 그녀의 아름다움을 모를 수 있겠는가? 그럴 수도 있겠다. 다빈치의 모나리자를 보고 아름답지 않다고 말하는 사람이 있으면, 우리는 미쳤다고 생각할 것이다.

아름다움은 눈으로 보면 누구나 알 수 있는 것인지 한번 실험을 해보자. 토끼 세 마리 사진이 있다. 세 마리 가운데 어떤 토끼가 가장 아름다운가? 토끼가 아니라 사자나 호랑이, 사슴, 낙타 등등 어떤 동물이라도 좋다. 초목도 좋다. 앞서 살펴본 코스모스 꽃밭 사진도 상관없다. 어떤 코스모스가 가장 아름다운가?

토끼와 코스모스를 아무리 봐도 그중 어떤 것이 아름다운지 우리는 알지 못한다. 왜 그러할까? 여러 가지 이유가 있겠지만, 우리는 코스모스와 코스모스를 비교하면서 어느 것이 더 아름다운지 살펴본 적이 없다. 코스모스의 무엇을 보고서 아름답다고 해야 하는지 모른다. 코스모스는 각양각색이다. 키가 큰 것도 있고 작은 것도 있고, 빨강 꽃잎도 있고 분홍 꽃잎도 있고, 꽃잎의 숫자도 제각각이다. 그중에서 어떤 것을 아름다움의 기준으로 삼아야 하는지 봐도 모르는 것이다.

기준이 없으면 아무리 눈을 크게 뜨고 봐도 모른다. 코스모스는 다 자라면 키가 1m에서 2m 높이에 이른다. 때문에 키가 큰 것도 있고 작은 것도 있다. 키의 차이는 알 수 있다. 그러나 어느 정도의 높이가 적절한지는 알 수가 없다. 모두 다 나름대로 적절한 듯이 보인다. 기준이 없으면

아름다움은 훈련이다

자연적으로 알 수 있는 아름다움의 직관이란 존재하지 않는다. 보는 것은 훈련이다. 아름다움 또한 그러하다.

적절함이나 정상, 아름다움에 대해서도 말할 수가 없는 것이다. 코스모스의 평균 키를 1.5m로 정하면, 그때부터 평균보다 크거나 작다는 가치 판단이 가능해진다. 그 많은 코스모스 가운데에서 1.5m 키의 코스모스가 가장 코스모스다워 보인다.

배우지 않고서 자연적으로 알 수 있는 아름다움의 직관이란 존재하지 않는다. 눈이 있다고 해서 양귀비를 보고 본능적으로 그녀의 아름다움을 발견하는 것은 아니다. 무엇을 봐야 할지 배워야 한다. 얼굴을 봐야 하는가? 손을 봐야 하는가? 발을 봐야 하는가? 얼굴이라면 코를 보는가? 눈을 보는가? 표정을 보는가? 안색을 보는가? 물론 우리는 얼굴을 보지 않고서는 아름다움을 알 수가 없다.

보는 것은 배우는 것이다. 배우지 않으면 무엇을 봐야 하는지 알지 못한다. 우리는 태어나면서부터 보는 법을 배우기 시작한다. 엄마는 아이가 무엇보다 먼저 엄마의 눈을 보도록 훈련을 시킨다. 눈을 맞추는 훈련이 시작되는 것이다. 신생아의 유아용 침대에 모빌이 달려 있는 이유도 거기에 있다. 모빌이 움직이면 아이는 거기에 달린 인형을 눈으로 좇으면서 보는 연습을 한다. 이러한 훈련을 거치지 않은 아이는 없다. 물론 선천적으로 시각적 장애를 갖고 태어난 아이는 예외이다. 유아기에 눈으로 사물을 보는 훈련을 받을 기회를 갖지 못하기 때문이다. 이러한 경우 나중에 어른이 되어서 개안 수술을 받아도 제대로 보지 못한다.

'눈뜬장님'이라는 말도 있지만 개안 수술을 받으면 장님도 멀쩡하게 세상을 볼 수가 있을까? 《심청전》에 따르면 그러하다. 평생 맹인으로 살았던 심봉사는 나중에 죽은 줄 알았던 딸 심청이를 궁궐에서 만난다. 얼마나 반갑겠는가? "어디 우리 딸 얼굴 한번 보자!" 하고 외치는 순간에 기적적으로 눈이 떠지고, 감격해서 심청을 껴안으며 기뻐했다는 이야기이다. 그러나 이는 의학적으로 불가능한 이야기이다. 제아무리 성공적인 개안 수술이라 한들 수술 직후 정상적인 시력을 회복할 수는 없다. 밝은 대낮이라면 더욱더 그렇다. 아직 눈이 빛에 적응되지 않았기 때문에 너무 강한 빛을 보는 것은 치명적이다. 걸음마를 하듯이 천천히 보는 훈련을 받아야 하는 것이다. 개안수술에 성공한 대부분의 시각장애인들이 보이는 세상에 적응을 하지 못해서 다시 검은 안경을 쓰고 살아가는 이유가 여기에 있다.

보는 것은 당연하지 않다. 사람이라고 해서 모두 똑같이 보는 것은 아니다. 보는 훈련을 모두 다르게 받았기 때문이다. 아름다움은 더욱더 그렇다. 한국인이 아름답다고 여기는 대상을 미국인도 반드시 아름답다고 느끼는 것은 아니다. 그리고 성별과 나이에 따라서 아름다움을 보는 눈이 달라진다. 아름다움은 사회적이고 주관적이다. 아름다움은 보는 사람의 눈에 달려 있기 때문이다.

이런 질문을 해볼 수 있다. 시각장애인의 나라에도 아름다움이 있을까? 당연히 아름다움이 있다. 이때 아름다움의 정의를 다시 생각해볼 필요가 있다. 아름다움은 우리에게 감각적으로 기쁨을 주는 대상이다. 반면에 우리에게 고통을 주는 대상은 추하다. 오히려 시각장애인이 그렇지 않은 사람보다 더욱 행복한 삶을 산다는 말도 있다. 시각장애인에게도 감각적으로 기쁨을 주는 대상이 있다. '장님이 코끼리 다리를 만진다'는 속담이 있다. 이 속담을 너무나 부정적으로만 볼 필요는 없다. 시각장애인은 눈으로 보고 아는 것이 아니라 손으로 만져서 안다. 코끼리 다리의 촉감을 느끼는 것이다. 시각장애인은 코끼리 다리의 촉감을 통해 그것이 아름다운지 아닌지 알게 된다. 촉감이 거칠지 않고 부드러우면 아름다운 것이다. 시각장애인에게 사람의 아름다움은 피부의 촉감에 있다.

　그러나 시각적 아름다움과 촉각적 아름다움이 완전히 동떨어진 것은 아니다. 아름다움은 시각적이면서 동시에 촉각적이기도 하다. 피부 미인이라는 말이 있다. 매끈한 피부, 부드러운 피부, 촉촉한 피부, 탄력적이고 건강한 피부라는 표현들도 즐겨 사용된다. 그런데 우리가 대상을 만져보지 않고 눈으로만 보고서 그것의 부드러움과 매끈함, 촉촉함을 알 수가 있을까? 물론 알 수가 있다. 언뜻 생각하면 '촉촉하게 보인다'라는 말은 잘못된 표현처럼 들

린다. 촉촉함은 보이는 것이 아니라고 촉각으로 느끼는 것
이고 눈을 통해 그 촉각을 유추하는 것일 테니 말이다. 그
러나 분명히 촉촉함도 보인다. 시각과 촉각은 서로 독립된
감각이 아니다. 시각과 촉각은 공감각적이다. 우리는 대상
을 손으로 만지듯이 보기 때문이다.*

보는 법을 배운다는 말을 다시 생각해보자. 우리는
토끼나 코스모스, 양귀비의 모든 것을 다 보지 않는다. 모
든 것을 다 보는 것은 사실상 불가능한 일이기도 하다. 앞
을 보면 뒤가 보이지 않고, 오른쪽을 보면 왼쪽이 보이지
않기 때문이다. 때문에 보기 위해서는 역설적으로 보지 않
아야 한다. 다 보려고 하면 아무것도 보이지 않는다. 보인
다고 해서 다 보면 안 된다. 앞서 어떤 토끼가 예쁜 토끼인
지 구별할 수 없는 이유는 토끼의 어디를, 무엇을 봐야 하
는지 알 수 없기 때문이라고 했다. 토끼의 몸에는 눈과 입,
코, 발, 털 등이 있다. 이 모든 것을 한꺼번에 볼 수가 없다.
훈련된 수의사는 토끼의 모든 것을 보는 사람이 아니라 무
엇을 보고 또 보지 않아야 하는지 구별할 수 있는 사람이
다. 예를 들어 토끼가 가진 털의 길이나 모양에 시선을 줘
서는 안 된다. 윤기를 봐야 한다. 코의 높이나 길이, 모양을

---

* 미각과 후각, 청각도 마찬가지이다. 아름다운 꽃은 냄새도 향
기로울 것이라고 느껴지는 것이다. 공감각이 비정상적으로 발
달한 사람은 알파벳에서도 색깔을 보고 소리를 듣기도 한다.

봐서는 안 된다. 보송보송한 정도를 봐야 한다.

양귀비의 아름다움을 보기 위해서는 양귀비의 아름답지 않음을 보지 않아야 한다. 모든 것을 다 보려고 하면 그녀의 아름다움을 찾을 수가 없다. 페티시즘이라는 말을 들어봤을 것이다. 페티시즘은 몸의 한 가지 부위나 특징에 유난히 집착하는 성향을 일컫는 말이다. 그 대상은 입술이나 손톱, 발, 귀 등이 될 수가 있다. 중국에는 전족의 풍습이 있었다. 발이 비정상적으로 작은 여자를 미인으로 대접했다는 것이다. 발의 아름다움을 보기 위해서는 손을 보지 않아야 한다. 양귀비의 발이 아름다웠다고 말하려는 것은 아니다. 양귀비의 아름다움 중 하나는 풍만한 몸매에 있었다. 부귀모란富貴牡丹이라는 말이 있다. 모란처럼 화려하고 부유해 보이는 미녀를 말한다. 그러나 이후 송대에는 미의 기준이 바람에 날아갈 듯이 호리호리한 몸매로 바뀌었다. 당대에 아름답게 보였던 몸이 송대에는 추한 몸으로 평가 절하되었던 것이다.

이와 같이 보는 것에는 선택과 배제의 원리가 작용하고 있다. 아름다움의 시각적 특징이었던 것이 시대와 사회가 달라지면 반대로 추한 특징이 될 수가 있다. 과거에 중국에서 전족이 미의 기준이었듯 미얀마의 카렌족은 목이 기린처럼 긴 여성을 미인으로 간주했다. 그러나 이제 중국에서 전족은 더 이상 아름다움의 증거가 아니고, 카렌족의 기린 목은 과거의 전통으로 사라지고 있다.

과거에 아름다웠던 몸이 지금도 반드시 아름다운 것은 아니다. 과거에는 아무도 주목하지 않았던 몸의 특징이 오늘날에는 아름다움의 필수 요소가 될 수 있다. 이 경우 현대인들은 과거에 보지 않았던 몸의 부위에서 새로운 아름다움을 찾아내는 법을 배우게 되었기 때문일 것이다. 이처럼 아름다움은 학습되는 것이지 절대적이지 않다.

아름답다고 '카더라'

앞에서 중국의 사대미인을 소개한 이유를 다시 생각할 필요가 있다. 아름답다고 소문이 나면 더욱더 아름답게 보인다. 이 점은 매우 중요하다. 이 점을 빼놓고서 아름다움을 이야기할 수가 없다. 그렇다면 이 사실을 조금 과장해서 이렇게 표현해볼 수도 있다. 우리는 굳이 아름답게 외모를 가꿀 필요가 없다. 아름답다는 소문만 내면 된다. 그러면 사람들이 나를 아름답게 본다. 아름다움의 절반은 '말'이다. 우리가 하는 말의 중요성을 과소평가해서는 안 된다.

'아름다움의 절반이 말이다'라는 주장에 동의하는가? 만약 그렇지 않다면 다음의 사유실험을 제안한다. 소나무와 잣나무와 같은 침엽수가 어우러진 숲속에 있다고 생각해보자. 주변에는 온통 잎이 뾰족한 침엽수 나무들뿐이다. 나무에 대한 지식이 없는 사람의 눈에는 소나무와 잣나무가 다 똑같은 나무로 보인다. 구별해보라는 요구에 눈을 크게 뜨고 뚫어져라 봐도 차이가 보이지 않는다. 이때, 잣나무의 잎은 다섯 개가 한 묶음이고, 소나무는 두세 개가 한 묶음이라는 지식이 있다면 비로소 이 둘의 차이가 눈에 들어올 것이다. 그렇지 않고서 단지 나무의 크기나 줄기, 색상만으로는 그러한 차이를 알 수가 없다.

이번에는 외국 사람들의 외모를 가지고 실험을 해보자. 여러 사람들의 얼굴이 찍힌 사진이 있다고 하자. 이 사진을 보기 전에 여러분의 친구가 그중 한 사람을 가리키면서 그가 유명한 국민배우라고 귀띔을 했다고 하자. 이 사실을 알게 되면 여러분은 이제 중립적인 시선으로 사진을 볼 수 없게 된다. 그가 유명한 배우라는 사실을 완전히 배제하고 사진을 볼 수가 없는 것이다. 이것이 프레이밍 효과이다. 아름답다는 말을 들으면 아름답게 보이는 것이다.

또 하나 빼놓을 수 없는 것이 노출효과이다. 당연한 이야기이겠지만 우리는 처음 본 사람보다 자주 본 사람에게 더욱 친근감을 느낀다. 처음 보는 사람은 모르는 사람이다. 이 똑같은 사람도 두 번째로 보면 아는 사람이 된다. 낯선 사람이라면 긴장을 하겠지만 아는 사람에 대해서는 무장이 해제된다. 친근감이 생기는 것이다. 우리는 낯선

오리인가, 토끼인가?

보는 각도에 따라 오리로도, 토끼로도 보인다. 아름답다는 말을 들으면 또한 아름답게 보이는 것이다. 이것이 프레이밍 효과이다.

사람보다는 친근한 사람을 더욱 매력적으로 보는 경향이 있다. 이는 심리학자들의 여러 실험을 통해서 이미 증명된 사실이다. 이것을 단순노출효과라고 한다. 한 예로, 여러분이 1분에 100장의 낯선 사진을 본다고 하자. 이렇게 빠른 속도로 사진을 넘겨보면 우리는 누가 누구인지도 모른다. 얼굴과 얼굴이 무작위로 섞여서 기억에 남는 사람도 없다. 그럼에도 분명한 사실은, 여러분의 의식은 기억하지 못 할 수도 있지만 여러분의 몸은 기억한다는 것이다. 나중에 몇몇 사진을 다시 보여주면서 가장 매력적인 인물을 고르라고 하면 그 가운데 가장 많이 보았던 사진을 선택한다. 100장의 사진을 빠른 시간에 보면 우리는 거기에 반복되는 사진이 있는지 없는지조차도 모른다. 그러나 이를 알고 모르고는 중요하지 않다. 중요한 것은, 우리가 자주 보았던 사람을 그렇지 않은 사람보다 더욱 매력적으로 느낀다는 사실이다.

연예인들이 매력적으로 보이는 이유 중 하나는 단순노출효과에서 찾을 수 있다. 많이 보면 볼수록 더 많은 애정이 생긴다. 보여주기만 해도 남는 장사인 것이다. 여러분이 상품을 고를 때도 그러한 노출효과를 무시할 수가 없다. 어디에서 보았는지는 모르지만 눈에 익은 상품을 향해 손을 내밀게 되는 것이다. 만일 이러한 노출효과가 없다면 기업들이 극히 짧은 순간의 홍보를 위해서 천문학적인 거금을 TV 광고에 투자하지는 않았을 것이다.

재현의 정치politics of representation라는 용어가 있다. 재현은 말하기 혹은 보여주기라고 이해하면 된다. 말하고 보여주는 행위는 개인적이기도 하지만 동시에 정치적이라는 것이다. 나는 양귀비를 보고도 별 감흥이 없을 수 있다. 그녀에게서 내 마음을 끌어당기는 매력을 느끼지 못한 것이다. 그러나 재현의 정치에서 이러한 내 개인적인 감정은 중요하지 않다. 양귀비가 아름답다는 말을 자주 들으면 어느새 나도 그녀를 아름답다고 생각하게 되기 때문이다. 물론 반대의 경우도 가능하다. 그녀의 용모가 평범하다는 말을 자주 듣다 보면 나중에는 양귀비도 평범하게 보인다.

재현의 정치와 관련해서, 어리석은 질문이지만 그냥 건너뛰기에는 아쉬운 질문이 인종적 아름다움에 관한 것이다. 어느 인종이 가장 아름다울까? 그런데 이에 대해 논의하기 전에 미리 말해둘 것이 있다. 20세기 후반 이후로 인종이라는 용어는 과학적으로 근거가 없는 신화로서 구시대의 유물로 취급되고 있다. 그러니 인종이라는 용어를 아프리카 사람들과 유럽 사람들, 아시아 사람들로 대체하기로 하자. 그들 가운데 어느 대륙의 사람들이 통계적으로 가장 매력적일까? 만약 아시아 사람들도 비교의 범위를 좁힌다면 한국과 일본, 중국, 베트남, 필리핀 사람들 가운데 어느 나라 사람이 가장 아름다울까?

　　대답하기 전에 개인적인 일화를 하나 소개하고자 한다. 이는 노출효과와도 무관하지 않다. 영화나 TV를 자주 볼 기회도 없었지만 그럼에도 백인들이 어떻게 생겼는지는 잘 알고 있었다. 잡지나 책받침, 영화 포스터, 책 등을 통해서 백인 배우들을 접할 기회가 많았기 때문이다. 그리고 간혹 백인 선교사를 길에서 만날 수도 있었다. 그러나 흑인은 한 번도 본 적이 없었다. 그러다가 1978년에 알렉스 헤일리Alex Haley의 소설 《뿌리Roots: The Saga of an American Family》가 드라마로 각색되어 우리나라 TV에서 방영되기 시작했는데, 거기에 등장하는 흑인들의 모습에 크게 충격을 받았다. 고상하고 번듯한 백인들에 비해서 흑인들은 차라리 가축에 더 가까워 보였다. 목욕을 하지 않아서 더러워진 얼굴과 덥수룩한 머리, 땟국이 흐르는 넝마가 된 옷, 몸에 난 채찍자국, 저항과 분노의 표정 등 모든 것이 혐오스러웠다. 흑인은 참으로 못생겼다고 생각할 수밖에 없었다. 드라마 속 흑인들은 모두 굶주리고 학대당하면서 몸과 영혼이 망가져가는 노예들이었기 때문이다. 그러한 상황을 잘 알고 있으면서도 마음속에 흑인은 백인만큼 멋있지 않다는 고정관념이 생겼다. 그러던 중 그런 내 고정관념이 깨진 계기가 생겼다. 흑인 배우 시드니 포이티어Sidney Poitier가 주연을 한 영화 〈언제나 마음은 태양To

Sir with Love)을 보고 나서였다. 이 영화에서 시드니 포이티어는 고등학교 교사로 등장한다. 그는 영화에 등장하는 어느 백인보다 더욱 지적이고 고상하며 세련된 사람이었다. 지위가 사람을 결정한다는 말이 있다. 똑같은 사람도 노예 역할을 하면 노예처럼 보이고, 변호사 역할을 하면 변호사처럼 보인다. 백인도 예외가 아니다. 잔인하고 탐욕스러운 배역으로 등장하면 멋있지 않고 추하게 보인다. 그러한 역할을 떼어놓고서 단순히 외모적으로 백인과 흑인 가운데 누가 더 매력적인지 논의할 수가 없다. 얼마나 자주 보이는가? 어떻게 보이는가? 이 두 질문에 따라서 아름다움과 추의 차이가 결정된다.

아름답고 매력적으로 보이기 위해서는 자신의 모습을 자주 보여주어야 한다. 그리고 될 수 있으면 좋은 모습을 보여주어야 한다. 이것이 바로 재현의 정치이다. 사람들은 대중매체가 보여주는 방식으로 세상을 바라보기 때문이다.

그런데 문제는, 우리가 원한다고 해서 자신의 모습을 보여줄 수는 없다. 양귀비는 궁궐에서 황제와 제후, 고관대작에게 자기의 아름다운 자태를 과시할 수 있지만 가난한 평민의 딸이라면 양귀비보다 더욱 아름답더라도 평생 그러한 기회를 얻지 못한다. 이 지점에서 앞서 물었던 질문을 다시 떠올리자. 아프리카 사람들과 유럽 사람들,

아시아 사람들 가운데 어느 나라 사람들이 가장 아름다운가? 이 질문에 대해서 우리는 이미 대답을 얻었다. 이 가운데 세계의 모든 사람들에게 가장 많이 노출된 것은 어느 나라 사람들인가? 이 가운데 가장 좋은 직업과 신분, 역할을 가진 것은 어느 나라 사람들인가?

역사는 승자의 것이라는 말이 있다. 아름다움도 마찬가지이다. 미국의 흑인과 백인의 관계를 생각하면 이 말의 의미가 분명해질 것이다. 2017년의 통계에 의하면 백인은 미국 전체 인구의 72.3%, 흑인은 12.7%를 차지하고 있다. 빈부와 학력 등의 차이를 배제하고 인구 비율로만 따지더라도 흑인이 대중매체에 1회 출연할 때 백인은 7회나 출연한다. 노출빈도와 아름다움은 비례하지 않던가. 더 이상 고민할 필요가 없다. 당연히 백인이 흑인보다 더욱 멋있게 보인다. 마찬가지의 이유로 미국 사람과 한국 사람 가운데에서도 전자가 후자보다 더욱 멋있게 보인다. 아름다움은 다수의 편에 있다.

그럼에도 예외가 있다. 다수가 모든 것을 결정하지는 않는다. 똑같은 백인이라도 노숙자가 있는가 하면 평범한 중산층이 있고 대기업의 CEO도 있다. 중산층이 대다수를 차지하지만 TV 뉴스에서 우리가 자주 접하는 얼굴들은 극소수의 CEO들이다. 인구의 숫자와 노출이 반드시 비례하지는 않는다. 필자는 간혹 학생들에게 미국 인구의 몇 %

가 유태인인지 질문을 던진다. 학생들은 많게는 20%, 적게는 5% 정도라고 대답을 한다. 틀렸다. 유태인은 미국 인구의 약 2.5%밖에 되지 않는다. 그럼에도 5~20%나 되는 듯이 느껴진다. 2.5%의 '존재'가 5~20%의 '존재 효과'를 발하는 것이다. 〈포브스〉가 발표한 미국 부자 상위 40명 가운데 18명이 유태인이고, 전 세계에서 가장 부유한 재벌의 40~50%가 유태인이다. 그리고 노벨상 수상자의 약 30%도 유태인이다.

100장 사진 실험으로 되돌아가자. 100장의 사진 가운데 동일 인물의 사진은 단 한 개일 수도, 서너 개일 수도 있다. 노출이 많이 되는 사진일수록 이에 대한 호감도가 증가한다고 이미 말했다. 그렇다면 아시아는 어떠한가? 이 질문은 한국과 일본, 중국, 베트남, 필리핀 가운데 어느 나라 사람들이 가장 세계에 많이 노출되었는지를 묻는 질문이나 마찬가지이다.

아름다움의 비밀은 없다. 아름답다는 소문 뒤에 숨어 있는 또 다른 진실은 없다. 겉으로 드러난 것, 겉으로 노출된 것이 전부이다. 북 치고 장구 치면서 판을 깔고 소문을 내면 아름다워진다. 아름다움의 비밀은 비밀이 없다는 것에 있다.

보이는 몸

우리는 시각문화의 사회에 살고 있다. 시각문화는 간단히 시각적 이미지를 통해서 정보를 교환하고 소통하는 문화를 말한다. 무엇이든 많이 보이면 보일수록 더욱 중요하고 더욱 가치가 있는 듯이 여겨진다. 보이지 않으면 존재하지 않는 것이나 마찬가지이다. 모든 정보가 시각적으로 전달되는 사회에 살고 있기 때문이다. 우리가 자주 접하는 정보 매체가 무엇인지 생각해보라. TV나 영화, 인터넷, 길거리의 전광판과 같은 시각매체이다. 지식이나 이론도 파워포인트 등으로 시각화되지 않으면 설득력을 갖지 못한다.

시각문화에서는 다만 존재하는 것으로는 충분하지 않다. 내가 여기에 존재하는 사진을 보여주어야 한다. 맛있는 음식을 먹는 것으로 충분하지 않다. 보기에도 먹음직스럽게 사진으로 찍어서 증명해야 한다. 내게는 호두과자를 먹지 않으면 고속도로 휴게소에서 쉬지 않은 것이나 마찬가지라고 말하는 친구가 있다. 아무리 맛있는 음식도 사진으로 찍어서 보여주지 않으면 먹지 않은 것이나 마찬가지이다.

이와 같은 시각문화에 푹 빠져서 살고 있기 때문에 우리는 그러한 문화가 인류의 역사에서 얼마나 새로운 현상인지 알지 못한다. 인간이란 원래부터 시각적으로 정보를 주고받으며 살았던 것처럼 생각할 수가 있다. 이렇게 시각적인 것을 당연하게 생각하면 우리가 과거 사람들과 얼마나 다른 삶을 살고 있는지 놓칠 수 있다. 만약 조선 말기에 살았던 증조·고조할아버지와 할머니가 타임머신을 타고 지금의 서울을 방문했다고 생각해보자. 아마 너무나 많은 시각 정보, 사방팔방에서 소리치며 달려오는 시각 정보에 눈이 어지러워서 정신을 차리지 못할 것이다. 현대에도 도시에 적응하지 못하는 사람들이 있다. 눈이 피곤하다는 것이다.

사진과 영화, TV, 인터넷은 시각문화를 대표하는 문명의 이기이다. 인터넷과 스마트폰이 없는 생활을 상상할 수가 있을까? 그런데 생각해보자. 우리나라 인터넷의 역사는 길어야 30년밖에 되지 않았다. PC통신 서비스인 '천리안'이 개통된 것은 1991년이었다. 그러나 그 당시에 인터넷 사용자는 소수에 지나지 않았다. 2000년대에 들어와서야 초고속 인터넷과 PC가 대부분 가정에 보급되기 시작하였다. 시각문화의 개막을 알렸던 카메라는 어떠한가? 이제 우리는 굳이 카메라를 구입할 필요도 없게 되었다. 스마트폰에 고성능 카메라가 장착되어 있기 때문이다. 또한 푼돈으로도 카메라를 손쉽게 살 수 있다. 30년 전만 하더라도 카메라 하나를 사려면 거금을 투자해야 했지만 지금은 패밀리 레스토랑에서 가족 외식을 한 번 하지 않는 정도로 카메라 살 돈을 마련할 수 있다.

이 이야기를 꺼낸 이유는, 카메라를 통해 우리가 몸을 경험하는 방식에 혁명적인 변화가 생겼기 때문이다. 내 친구 이름이 복남이라고 하자. 복남이를 맨눈으로 보는 것과 카메라를 통해서 보는 것은 같지 않다. 복남이와 복남이의 사진(이미지)은 같지 않다. 당연한 말이라고 생각할 수도 있겠지만 이 말을 당연하지 않은 듯이 낯설게 생각해 볼 필요가 있다. 역사상 최초의 사진기는 1839년의 은판 사진이었다. 프랑스의 시인 보들레르는 사진기가 이미지의 숭배cult of image를 초래하였다고 진단하였다. 미국의 작가였던 올리버 웬들 홈스Oliver Wendell Holmes는 사진을 '기억을 가진 거울'이라고 불렀다. 그것은 스쳐 지나가는 것들을 고정시켜 우리 눈앞에 머물도록 만드는 장치이다. 그리고 우리는 이제 호모 포토쿠스homo photocus, 즉 사진 찍는 인간이 되었다. 우리는 다른 사람을 사진 찍듯이 본다.

우리가 태어나서 처음으로 사진에 찍힌 자신의 모습을 보았다고 해보자. 분명히 그것은 내 사진이다. 사진 속의 인물은 다른 사람이 아니라 '나'임에 틀림이 없다. 그럼에도 사진 속 나는 낯설게 느껴진다. 우리는 자신을 제삼자의 시선을 통해서 본 적이 없기 때문이다. 사진은 거울에 비친 내 모습과도 확연히 다르다. 거울 속 나는 살아 있는 나를 보여주지만 사진 속 나는 초고속으로 냉각되어 굳어진 나이다. 이러한 낯선 느낌을 우리는 녹음된 목소리에서도 경험한다. 녹음된 내 목소리는 내가 막연히 생각하고 있던 내 목소리와 달라도 너무나 다르다. 우리는 자신의 목소리를 객관적으로 들어본 적이 없다. 우리는 남의 목소리를 들을 뿐 자신의 목소리를 듣지 못한다. 자신의 목소리를 들어본 적이 없는 나에게는 녹음된 내 목소리가 남의 것처럼 들린다.

카메라는 우리가 보기만 하는 것이 아니라 보이는 몸이기도 하다는 사실을 확실하게 각인시켰다. 나는 보는 몸이면서 보이는 몸이다. 다른 사람의 눈을 통해서 나를 바라보는 법을 배우기 시작한 것이다. 그냥 바라보기만 하는 것이 아니다. 우리는 사진을 자유롭게 확대하고 축소할 수가 있다. 확대하면 육안으로 보이지 않던 피부의 미세한 솜털과 땀구멍까지 선명하게 보인다. 화상도가 높아지면 높아질수록 그러한 자의식이 더욱 증가한다. 디지털TV의 출현을 생각해보라. 우리나라는 2012년 말부터 지상파 아날로그 방송을 중단하고 디지털 방송만 송출하기 시작하였다. 우리는 물론, 이전에 비해서 획기적으로 높아진 스크린 화상도를 환영하였다. 사물을 더욱 선명하고 또렷하게 볼 수 있게 되었기 때문이다. 그런데 중요한 것은, 이전에 보이지 않던 것들이 갑자기 화면에 모습을 드러내기 시작했다는 사실이다. 예쁘기만 하던 연예인 얼굴의 주근깨와 주름살, 솜털, 땀구멍이 한눈에 들어왔다. 피부 미인이라는 말이 유행하게 된 것은 우연이 아니다.

카메라, 영화, TV와 같은 시각매체는 우리에게 보는 법을 새롭게 알려준다. 저해상도가 고해상도로 바뀌면 스크린의 화질만 좋아지는 것은 아니다. 우리가 사람을 바라보는 방식 자체를 바꾸어놓는다. 아름다움의 기준에도 변화가 생긴다. 육안으로 보는 세상과 현미경으로 보는 세상은 동일하지 않다. 연예인의 얼굴을 육안으로 보는 것과 클로즈업되어 스크린을 가득 채운 그의 얼굴을 TV에서 보는 것은 서로 다르다. 우리는 낯선 사람과 대면하는 자리에서 그의 얼굴을 뚫어져라 쳐다보지 않는다. 하물며 볼록렌즈를 그의 얼굴에 들이밀고 확대해서 볼 생각도 더더욱 하지 않는다. 그것은 현실에서 있을 수가 없는 일이다. 그렇지만 사진이나 TV로는 가능한 일이다. 우리는 화면을 가득 채운 그의 얼굴을 2~3배 확대해서 볼 수 있다. 육안으로 보이지 않는 피부의 또 다른 진실들이 갑자기 폭로되기 시작한다. 신문을 검색해보았더니 〈조선일보〉에서는 '피부 미인'이라는 용어를 2003년 3월 10일에 처음 사용했다. 「겨울철 지친 피부 달래는 법」이라는 제목의 글에 '하얗게 빛나는 피부 미인', '피부 미백의 기본은 클렌징이다'와 같은 표현이 뒤따랐다. 〈동아일보〉는 1996년 12월에 처음으로 '피부 미인'이라는 용어를 사용하였다.

'피부가 고와야 미인이다'라는 말과 '피부 미인'이라는 말의 차이는 사소하지 않다. 고려시대와 조선시대에도 미인이라면 당연히 피부가 고와야 했다. '피부 미인'이라는 말이 등장하기 전에도 외모를 가꾸는 여성들은 '잡티 없는 깨끗한 피부'가 소원이었다. 여드름이나 상처가 많은 얼굴은 아름답지 않다. 이에 대해서 아무도 이의를 제기하지 않을 것이다. 생각해보자. '잡티 없이 깨끗하다'는 말은 얼굴을 묘사하는 서술어이다. 피부는 깨끗할 수도 있고 그렇지 않을 수도 있다. 시간과 장소에 따라서 달라질 수 있다. 그러나 피부 미인은 하나의 개념어이다. 피부와 미인이 서로 떼어놓을 수 없는 관계로 일체가 되었다. 피부 미인은 아침이나 점심, 저녁에도 피부 미인이다. 화장을 하거나 하지 않거나와 상관없이 피부 미인은 영원히 피부 미인이다.

피부 미인이라는 개념어가 생겨난 이후 우리가 거울을 보는 방식은 과거와 달라졌다. 우리는 피부 미인을 생각하면서 거울을 본다. 거울은 우리가 언제 어디서나 피부 미인이어야 한다고 속삭인다. 그러나 살아 있는 사람은 피부 미인이 될 수가 없다. 피부 상태는 하루에도 서너 번씩 계속 변하기 때문이다. 따라서 피부 미인은 존재 불가능한 개념일 수밖에 없다.

지금 우리가 살고 있는 시각문화는 그와 같이 불가

능한 아름다움의 이미지를 우리에게 강요한다. 피부에 신경을 쓰지 않던 사람들도 피부 미인이라는 말을 자주 듣다 보면 피부를 가꿔야 한다는 생각이 든다. 그러면서 자신의 피부를 검열하는 시선으로 바라보게 된다.

시각문화는 내가 내 몸을 마치 타자인 듯이 제삼자적 시선으로 바라보는 문화이다. 거울을 보면서도 피부 미인이라는 기준을 통해서 자신의 얼굴을 바라본다. 그러한 기준이 피부 미인만 있는 것이 아니다. 제모 미인, S라인 미인, 속옷 미인, 뒷태 미인, 자연 미인, V라인 미인, 한복 미인 등 이루 다 헤아릴 수가 없다. 자칫하면 우리는 자신의 몸과 얼굴을 그런 미인들의 요구에 빼앗길 수도 있다.

과거의 아름다움과 현재의 아름다움

우리는 세계화의 시대에 살고 있다. 삶의 단위가 민족이나 국가의 단위를 넘어 지구촌 전체로 확대되었다. 국가와 국가 사이의 인적·물적 교류도 자유롭게 이루어지고 있다. 교통과 통신의 발달은 획기적이다. 지구의 반대편에 있는 사람들과도 마치 이웃집에 있는 사람처럼 화상으로 얼굴을 마주보며 전화할 수 있다. 거리의 장벽이 급격히 줄어들었다.

사람의 몸을 바라보는 시각의 변화도 이러한 세계화

의 추세를 반영하고 있다. 멀리 갈 것이 없이 우리나라를 생각해보면 된다. 지금으로부터 20년 전만 하더라도 서울에서 외국인들을 보기가 드물었다. 그러나 지금은 외국인들을 보지 않고 지나는 날이 하루도 없을 정도로 외국인들이 국내에 많이 살고 있다. 귀화자도 급속도로 증가하고 있다. 2000년까지 연평균 33명에 불과했던 귀화자들이 2011년 이후로 연평균 1만 명 이상 늘더니, 현재는 20만 명을 넘었다.* '통계청에 따르면 2018년 기준 국내 체류 외국인수는 총 236만 명으로 지난해 대한민국 전체 인구(5,164만 명)의 4.6%를 기록했다.'** 생각해보자. 4.6%면 20명 가운데 한 명은 외국인 이주민이다.

우리는 낯선 것을 경계하고 다른 것을 거부하는 경향이 있다. 낯선 것은 좋은지 나쁜지 아직 정체가 확인되지 않았기 때문이다. 그런 불확실한 상황에서 낯선 것은 위험한 것이 된다. 우리가 이미 알고 있는 것을 기준으로 판단할 수밖에 없는 것이다. 이것을 자민족중심주의적이라고 한다. 자기 민족이 최고라고 생각하는 것이다. 외모도 마

---

*   기사 「[장세정 논설위원이 간다] 110개국 외국인 귀화 20만 명 돌파… "대한민국은 축복의 땅"」-(중앙일보) 2019년 1월 28일 게재.

**   기사 「[다시 쓰는 인구론] '그들'이라 불렸던 이주민, 이젠 '우리'다」-(경향신문) 2019년 1월 28일 게재.

찬가지이다. 사람이라면 당연히 우리처럼 생겨야 한다고 생각하고 우리가 정상이기 때문에 우리와 다르면 비정상이거나 못생긴 사람처럼 여긴다. 심한 경우 우리만 사람처럼 생겼고 외국인은 동물처럼 생겼다고 생각하기도 한다. 외국인을 비하하는 말이나 외국인 혐오 정서는 모두 그러한 민족주의적 기원을 가지고 있다. 자신과 다르다는 이유만으로 위험하다고 생각하는 것이다.

그러나 낯설었던 사람들도 자꾸 접하다 보면 익숙해지게 마련이다. 우리와 다르다고 생각했던 사람들도 가까워지면 우리와 같다는 사실을 발견하게 된다. 그리고 우리에게 해가 되지 않고 도움이 된다는 사실을 알게 되면서 그들을 우리 사회의 일원으로 받아들이기 시작한다. '그들'이었던 사람들이 '우리'가 되는 것이다. 그러면서 아름다움의 기준도 바뀐다. 처음에는 추하게 보였던 사람들도 이제는 우리와 마찬가지로 아름답게 보이기 시작한다. 아름다움은 자민족중심주의적이며 '우리'의 평균이다. 외국인이 한반도에 들어오기 전에 한국인의 아름다움은 한국인의 평균이었다. 그러나 이제 외국인이 '우리'라는 집단에 포함되면서 한국인과 외국인을 더한 값의 평균으로 바뀌고 있다.

누가 가장 아름다운가? 어느 나라 사람들이 가장 아름다운가? 이러한 질문은 '우리'와 '그들'의 차이를 묻는 질문이다. 그들이 우리에게 도움이 되는가? 아니면 해가 되는가? 이때 아름다움(미)은 선(도움)과 떼어놓을 수 없다. 우리에게 해가 되는 사람은 아름답지 않다. 선은 곧 미였다. 아름다움은 도움과 행복을 주고 효용성을 가진 것이었다. 그런데 현대 사회에서는 아름다움과 선이 분리되어 간다. 이에 대해서는 뒤에 보다 자세히 설명할 것이다.

가족 내에서도 선과 미가 하나라는 것을 우리는 잘 알고 있다. 식구 가운데도 도움을 주는 고마운 사람이 있는가 하면 그렇지 않은 사람도 있다. 아무리 외모가 뛰어난 아들이나 딸도 말썽만 부리거나 가족에 피해를 주면 부모는 이런 자녀를 예쁘게만 보지 않는다. 아들은 아들답지 않고 딸이 딸답지 않으면, 그리고 각자 해야 할 일과 역할을 게을리하면 예쁘지 않다. 일을 잘하면 당연히 칭찬을 받는다. 하는 짓이 예쁘다고 칭찬을 받는다. 어려서 예쁘다고 칭찬을 받던 아이도 나중에 나쁜 행동을 하게 되면 부모의 미움을 받기 시작한다. 하는 짓이 미우면 예쁘지 않은 것이다.

이와 같이 아름다움과 선을 떼어놓을 수 없는 것은, 희랍어에서 아름다움을 뜻하는 칼로스kalos를 봐도 알 수 있다. 칼로스는 보기에 좋고 생김새가 뛰어난 것을 의미한다. 사람을 포함해서 방패나 창과 같은 모든 사물들이 모두 아름다움의 대상이 될 수 있다. 플라톤의 대화록 중 하나에서 소크라테스는 운동선수나 방패, 바구니 등의 아름다움에 대해 논하기 시작한다. 그는 몸매가 좋은 근육질의 운동선수가 보기에 아름답다는 점을 인정한다. 그러나 언제 어디서나 아름답지는 않다는 단서를 단다. 운동선수는 운동을 할 때에 아름답게 보인다. 방패도 마찬가지이다. 섬세한 무늬가 새겨진 금으로 만든 방패가 있다고 하자. 그것은 장신구로서는 아름다울 수 있다. 그러나 방패로서는 아름답지 않고 추하다. 금은 단단하지 않기 때문에 창이나 칼을 막아낼 수가 없기 때문이다. 아무리 겉으로 보기에 아름다운 창도 너무 무거워서 던질 수가 없으면 추하다. 따라서 그 자체로서 아름다운 물건이나 사람은 없는 것이다. 방패는 방패다워야 아름답고 창은 창다워야 아름답다. 사물의 용도나 기능, 목적과 무관한 아름다움이란 존재하지 않는 것이다. 이런 점에서 소크라테스가 말하는 아름다움은 훌륭함이나 탁월함에 더 가깝다.* 비너스는 아름답다. 그러나 언제나 아름다운 것은 아니다. 성적으로 아름답다. 지혜의 관점에서 보면 아테네가 비너스보다 훨

---

* 아름답고 좋은 것을 지칭하는 데 사용되는 '칼로카가티아 kalokagathia'라는 용어의 전통으로까지 거슬러 올라갈 수 있다. 칼로카가티아는 '아름다운'을 뜻하는 고대 그리스어 칼로스와 '좋은'을 뜻하는 고대 그리스어 아가톤agathon이 결합되어 나온 것이다.-김행지, 「여성적 아름다움의 이상」, 〈미술사와 시각문화〉 18권 0호, 2016, 180-207. 182.

썬 아름답고 훌륭하다.

'아름다움=선'은 달리 말해서 아름다움은 기쁨을 주는 것임을 의미한다. 솜씨가 훌륭한 목수는 아름답다. 그가 만든 가구가 우리에게 기쁨을 주기 때문이다. 창과 칼의 공격을 잘 막아주는 방패는 아름답고 또 고맙다. 자칫하면 전쟁에서 죽을 수 있는 우리의 생명을 구해주기 때문이다. 그렇게 우리에게 이로움과 기쁨을 주는 대상에 대한 감사의 마음에서 터져 나오는 감탄사가 아름다움이다. 감사의 표시가 아름다움인 것이다. 그리고 사랑하는 사람도 아름답다. 나에게 기쁨을 주기 때문이다.

아름다움은 기쁨이기 때문에 그것을 바라보는 사람의 주관적 감정과 분리될 수가 없다. 아름다움은 주관적이다. 그럼에도 창이나 방패처럼 내가 아름답게 보는 대상은 다른 사람들도 아름답게 보기 때문에 아름다움은 주관적이지만 개인적이지는 않다. '나'의 아름다움은 동시에 '우리'의 아름다움인 것이다. 나에게 좋은 것은 동시에 우리에게 좋은 것이고, 나에게 도움이 되는 것은 우리에게도 도움이 된다. 즉, 아름다움은 개인적인 것이 아니라 공동체적인 것이다.

아름다움이 공동체적이라는 사실을 우리는《춘향전》의 춘향에게서도 확인할 수가 있다.《춘향전》에서 춘향을 묘사하는 대목을 하나 인용하기로 한다. '얼굴은 구름을

헤치고 나온 보름달 같고, 눈동자는 빛나는 별 같고, 코는 엎어놓은 마늘 쪽 같고, 입술은 앵두 같다.' 이러한 대목을 읽는 독자들은 도대체 춘향의 외모가 어떻게 생겼는지 상상이 되지 않을 것이다. 얼굴이 보름달 같고 눈동자가 별 같다니! 코를 엎어진 마늘로 비유하는 표현은 해도 해도 너무했다는 생각이 들 것이다. 이러한 인물 묘사를 그림으로 그릴 수 있는 방법이 없다. 이러한 묘사는 춘향이의 신체적 특징이나 외모와 상관이 없다. 그녀를 보면서 느끼는 사람들의 기쁨과 감정을 표현하는 것이기 때문이다. 더구나 그것은 한 사람이 아니라 우리 민족 전체의 기쁨을 말해주고 있다. 일례로 보름달은 우리에게 그냥 보름달이 아니다. 그것은 희망과 기쁨의 정서를 상징하고 있다. '정월 보름달을 먼저 보는 사람은 복을 많이 받는다'거나 '정월 보름달이 누르면 대풍이 든다' 같은 속담들이 그러한 예이다. 별도 마찬가지이다. '하늘의 별 따기'나 '떠오르는 별', '눈을 떠야 별을 본다'와 같은 속담이나 관용어에서 별은 꿈이나 성공, 행운 등을 의미한다. 이러한 어구에서 우리는 아름다움이 이해관계와 밀접하게 얽혀 있다는 사실을 알 수가 있다. 보름달은 그냥 아름다운 것이 아니다. 풍년이 들기 때문에, 복을 받기 때문에 아름다운 것이다. 춘향이도 외모만 뛰어난 것이 아니다. 우리에게 기쁨을 주기 때문에 아름다운 것이다.

고대 서사시나 동화와 같은 작품에서도 아름다움은 공동체적이며 언제나 선으로 표현이 된다. 《콩쥐와 팥쥐》, 《미녀와 야수》를 보라. 《콩쥐와 팥쥐》에서 콩쥐는 아름답고 팥쥐는 추한 인물로 등장한다. 얼굴의 이목구비나 몸매 등 외모가 아름다워서 콩쥐가 아름답다고 표현되는 것은 아니다. 그녀는 성품이 좋고 마음도 곱기 때문에, 즉 주위의 사람들에게 도움과 기쁨을 주기 때문에 아름다운 것이다. 반대로 팥쥐는 표독하고 악독하기 때문에 추한 인물이다. 이러한 선과 아름다움의 관계를 주제로 스토리텔링한 것이 《미녀와 야수》이다. 여주인공 벨은 착하고 아름답다. 그러나 주위 사람들에게 기쁨이 아니라 고통을 주었던 왕자는 그 성격에 일치하는 야수로 변했다. 악은 추한 것이다.

이러한 옛날이야기에서 주인공들은 선하기 때문에 아름답다. 가까운 가족과 주위의 이웃들에게 기쁨을 주기 때문에 이에 대한 고마움의 표시로 사람들은 주인공을 아름답다고 칭송하는 것이다. 아름다움에 대한 구체적이고 사실적인 묘사가 없는 이유가 여기에 있다. 몸이 S라인이라거나 피부가 우윳빛이라거나 미스코리아처럼 생겼기 때문에 아름다운 것이 아니었다. 선과 악, 혜택과 피해와 같은 이해관계와 무관한 아름다움은 없었던 것이다.

앞서 '우리'와 '그들'의 차이에 대해서 이야기를 했다. 우리 가족이나 우리 마을에 존재하는 우리는 이해 당사자들이다. 그러나 저멀리 아마존 밀림에서 살아가는 원주민 부족민들은 우리와 같은 이해 당사자들이 아니다. 똑같은 살인사건이라고 할지라도 우리 마을에서 발생한 것과 먼 나라에서 발생한 것이 피부에 와닿는 정도는 매우 다르다. 우리 마을에 살인이 발생하면 갑자기 일상이 마비된다. 서둘러 일찍 귀가하고 문단속도 여러 차례하며, 혹시 있을지 모를 위험에 대비하게 된다. 나는 사건이 해결되기 전까지는 편안하게 지낼 수도 없다. 그러나 〈살인의 추억〉이나 〈양들의 침묵〉과 같은 영화에서 발생한 살인사건은 우리의 생활에 아무런 영향을 미치지 않는다. 아무런 피해를 입지 않기 때문에 피가 튀는 끔찍한 살인 영화도 재미로 볼 수가 있다. 나와 이해관계가 얽히지 않는 사건에 대해서는 강 건너 불구경하듯이 할 수 있다. 이때 나는 이해 당사자가 아니라 구경꾼이 된다.

아름다움에도 두 가지가 있다. 우리와 이해관계가 있는 아름다움이 있는가 하면 이해관계와 전혀 무관한 아름다움도 있다. 우리가 가족과 친구의 아름다움을 보는 시선과 패션잡지에 등장하는 모델의 아름다움을 보는 시선은 서로 다르다. 우리는 가족과 친구에 대해서 구경꾼의 태도를 취할 수 없다. 친구가 무심코 던진 말 한마디가 나의 예민한 상처를 건드릴 수 있다. 상처가 심하면 나는 그와 절교를 할 수도 있다. 그의 일거수일투족이 내 기쁨과 고통,

행복과 불행에 크고 작은 영향을 미치는 것이다. 우리가 알고 지내는 모든 사람들은 나를 기쁘게 할 수도, 슬프게 할 수도 있다. 내게 기쁨을 주는 친구는 아름답게 느껴진다. 그러나 아무리 외모가 아름다워도 그가 나를 괴롭히고 모욕을 주면 진정으로 아름답다는 생각이 들지 않는다. 그러나 TV나 잡지에서 보는 연예인들은 우리와 아무런 이해관계를 갖고 있지 않다. 그가 어떠한 행동을 해도 그것이 내게 아무런 영향을 미치지 않는다. 나는 그에 대해서 구경꾼의 태도를 취할 수가 있는 것이다. 어차피 그는 외모로서만, 시각적인 이미지로서만 내게 존재하는 인물이다.

이해관계가 없는 아름다움은 선과도 무관하다. '아름다움=선'의 관점에서 보자면 이러한 아름다움은 시각적인 아름다움이다. 보기에만 좋은 것이다. 때문에 '보기 좋은 떡이 먹기에도 좋다'라는 속담은 시각적 아름다움에 적용되지 않는다.

외모와 타자

인간은 보면서 동시에 보이는 존재이다. 투명인간이라는 공상과학소설이 있지만 보기만 하고 보이지 않는 것은 불가능하다. 일방적으로 볼 수는 없는 것이다. 내가 그를 보면 그는 나를 볼 수가 있다. 너무나 당연한 사실이다.

그런데 왜 우리는 지하철이나 거리에서 누군가가 자신을 쳐다보는 것을 싫어할까? 단지 자신을 쳐다봤다고 시비가 붙고 싸움이 일어나는 사례는 흔하다. 2018년 9월에는 자기를 쳐다보는 편의점 직원에게 화가 난 여중생이 소주병을 들어 그의 얼굴을 가격한 사건이 있었다.* 2020년 3월에는 선거 운동을 하던 예비후보가 자기를 기분 나쁘게 쳐다봤다는 이유로 폭행한 사건도 있었다.** 누군가가 자기를 쳐다보는 것이 그렇게 기분 나쁜 일일까? 조폭영화에서는 눈싸움하는 장면이 심심치 않게 등장한다. 서로 기선을 제압하기 위해서 눈을 부릅뜨고 상대방을 노려보던 조폭이 나중에는 "눈 내리깔아!"라고 상대에게 고함을 지른다. 전쟁터에서는 더욱 심각하다. 적에게 보이기만 하면 죽는다. 적의 시야에 들어간 순간 총알받이가 되는 것이다.

왜 자기를 보는 것이 기분이 나쁠까? 물론 친구들이 다정한 눈길로 바라봐준다면 기분이 나쁘지 않다. 오히려 자기를 봐주지 않으면 기분이 나쁘다. 그러나 상대방이 낯선 사람이라면 이야기는 달라진다. 누군지 모르는 타자가 자신을 빤히 바라보고 있으면 불쾌해진다. 내가 눈치를 채

---

* 기사 「"왜 쳐다봐" 편의점 직원 소주병으로 때린 여중생 체포」-〈조선일보〉 2018년 9월 16일 게재.

** 기사 「'왜 그렇게 쳐다봐'… 선거운동하던 정의당 예비후보 폭행한 30대」-〈이데일리〉 2020년 3월 19일 게재.

지 않도록 요령껏 보는 것은 괜찮다. 그런데 낯선 타자의 시선이 나에게 의식되면 기분이 나빠진다. 나를 노려보면 그것은 싸우자는 도발행위나 마찬가지이다. 아무튼 누군가가 나를 쳐다보면 나에게 무슨 잘못이 있는 듯한 생각이 든다. '혹시 얼굴에 뭐가 묻어 있지 않을까? 혹시 옷을 잘못 입었다고 핀잔을 주는 것은 아닌가?' 등의 생각이 드는 것이다. 이렇게 낯선 타인의 시선은 지적질처럼 느껴진다.

자기 외모에 콤플렉스가 있는 사람들은 타인의 시선에 지극히 민감하다. 휙 스쳐 지나가는 가벼운 시선에도 자기 외모를 비난하고 있다고 느낀다. 그러한 눈길이 부담스러워서 일부러 고개를 숙이고 걷는 사람도 있다.

친구의 시선과 낯선 사람의 시선은 다르다. 타자에게 나는 외모로만 보인다. 보이는 외모가 내 전부가 되는 것이다. 내가 물건처럼 취급되는 느낌이 드는 것이다. 그러나 친구는 나를 외모가 아니라 친구로 본다. 부모님은 나를 아들이나 딸로 본다. 나는 단순한 외모가 아닌 것이다. 나는 사랑과 배려를 필요로 하는 인격적인 존재이다. 그러나 내가 누구인지 모르는 타자는 나를 외모로만 바라본다. 보이는 것은 외모밖에 없기 때문이다. 내가 내면이 없는 외모로 환원되는 것이다. 내가 구경거리가 되는 것이다.

남들이 나를 쳐다보고 있다고 의식하면 행동이 불편해진다. 자연스럽고 편안하게 있을 수가 없다. 카메라가 독자들의 일거수일투족을 추적하고 있다고 생각을 해보라. 카메라에게 나는 어떻게 보이고 있을까? 이때 나는 카메라에게 보이는 대상이다. 그런 카메라의 시선을 의식하는 것은 내가 나를 대상으로 의식하는 것이다. 내가 벌거벗겨지는 느낌이 들 것이다. 이러한 타자의 시선을 견디지 못했던 사르트르는 '타인은 지옥'이라는 말로 자신의 불쾌감을 표현하였다.

자칫하면 타인의 시선이 내 의식을 점령해버릴 수 있다. 사사건건 타인의 시선을 의식하면서 살아야 하는 것이다. 아무 옷이나 손에 잡히는 대로 걸치고 외출하려다가도 남에게 잘못 보일까 봐 입었던 옷을 벗고 다른 옷으로 바꿔 입어야 한다. 매력적으로 보이기 위해서 불편을 감수하면서 굽이 높은 구두를 신어야 한다. 얼굴이 창백하게 보일지 모른다는 불안감 때문에 색조 화장을 해야 하고, 차를 마시다가도 화장이 지워졌을지 모른다는 생각에 화장실로 달려가 거울을 봐야 한다. 이처럼 타인의 시선을 지나치게 의식하는 사람은 타인의 노예가 되어버린다. 타인에게 보여주기 위해서 사는 것이다. 타인을 위해서 자신의 삶을 포기하는 것이다.

타인의 시선을 지나치게 의식하면 내 삶이 망가지기 시작한다. 유명인들이라고 해서 예외가 아니다. 미국인 최초로 노벨문학상을 수상한 작가 싱클레어 루이스Sinclair

Lewis는 남들이 부러워하는 좋은 집안에서 태어나 훌륭한 교육을 받고 작가로서도 최고의 명예를 누렸다. 하지만 그는 불행한 삶을 살았다. 그 원인 중 하나가 외모였다. 극심한 여드름으로 얼굴이 흉하게 일그러진 것이다. 미국 미네소타 주의 한 작가는 1946년 그와 면담을 한 적이 있었는데, 당시를 이렇게 회상했다. "빨간 머리와 붉은 얼굴, 빗질하지 않은 더벅머리, (방치하면 암으로 발병할 수 있는) 볼의 각질을 치료하기 위해서 의사가 전기침으로 태워 흉측하게 변한 볼, 얇은 입술, 빈약한 턱. 그는 끔찍하게 추한 모습이었다." 얼굴의 상처가 아니더라도 원래 싱클레어는 극심한 열등감을 가지고 있었다. 거기에 흉측한 외모가 가세해 그의 열등감은 거의 병적이 되었다. 그는 사람들과의 접촉을 거의 차단하다시피 했다. 노벨상을 수상한 작가라면 사람들의 시선쯤은 개의치 않아도 좋았을 텐데 그는 그러지 못했다. 자기 자신에 대한 불만족은 노벨상으로도 치유가 되지 않는 것이다.*

싱클레어 루이스와 같이 위대한 작가가 외모로 인한 열등감을 가지고 있었다는 사실은 충격적이다. 객관적으로 그는 열등감을 가질 이유가 없었다. 그러나 어린 시

---

*   Frances Cooke Macgregor. Facial disfigurement: Problems and management of social interaction and implications for mental health. Aesthetic Plastic Surgery 14 (1990), 249-257.

절 자기보다 활동적이고 학업도 뛰어났던 두 형들과 비교를 당하면서 열등감이을 갖게 되었다. 그리고 외모에 대한 자의식이 지나치게 강해졌다. 그는 사람들이 자신의 못생긴 외모를 손가락질하고 있다고 생각하였다. 세상은 자신이 생각한 대로 보이는 법. 그가 정말 자신의 가족이나 이웃들에게 못생겼다는 핀잔을 받았는지에 대해서는 알려진 바가 없다. 중요한 것은, 그가 그렇게 느꼈다는 사실이다.

외모에 대해 불만을 갖게 되는 가장 큰 원인은 주위 사람들의 부정적 시선과 외모 지적질body talk이다. 내 아름다움과 추함은 내 몸에 있는 것이 아니라 나를 바라보는 사람들의 시선에 달려 있다. 못생겼다는 말을 자주 들으면 추한 외모가 내 정체성이 되어버린다. 어떤 연구에 따르면 '62.7%가 최근 한 달 동안 외모를 부정적으로 평가하는 발언이나 외모를 비난하는 발언을 들은 경험이 있다고 응답했다. 1회 이상 들은 비중은 16.4%였으며 5회 이상도 17.6%로 적지 않았다.'* 이와 같이 자신의 외모를 부정적으로 평가하는 말은 목에 걸린 가시처럼 소화가 되지 않는다. 나 자신의 체중에 만족하고 있다가도 누군가가 나를 보고 뚱뚱하다는 말을 하면 그때부터 내가 뚱뚱하

---

* 기사 「[창간기획-외모 차별 사회] 응답자 63% "최근 한 달 새 '외모 지적' 당해봤다"」-〈경향신문〉 2018년 10월 06일 게재.

게 느껴진다. 이와 관련된 단편이 하나 있다. 레이먼드 카 버Raymond Carver의 〈그들은 당신 남편이 아니야〉에서 주 인공 얼Earl과 도린Doreen은 맞벌이 부부인데, 얼마 전 실 직한 얼은 아내가 일하는 커피숍에서 시간을 보낸다. 그러 던 어느 날 우연히 남자 손님들이 아내의 몸매를 품평하는 이야기를 엿듣는다. 도린이 비만이며 엉덩이의 군살이 너 무나 많다는 것이다. 이에 기분이 상한 그는 아내에게 인 사도 하지 않고 서둘러 자리를 빠져나간다. 그러고는 나중 에 지쳐서 귀가한 아내를 보자마자 "거울 좀 들여다봐"라 고 소리친다. 난데없는 남편의 말에 어리둥절해하던 그녀 는 "당신, 다이어트 좀 생각해보는 게 좋을 거야"라는 말을 듣고서 비로소 상황을 짐작하게 된다.*

타인의 시선을 지나치게 의식하는 사람은 자신의 삶 을 온전히 살지 못한다. 타자에게 자신의 기쁨과 행복을 빼앗기는 것이다. 사르트르가 타자는 지옥이라고 하지 않 았던가. 그러나 싱클레어나 얼의 이야기는, 타자를 지옥으 로 만드는 것은 우리 자신이라는 사실을 말해준다. 우리는 타자가 자신을 감시하고 비난하고 있다는 생각에 사로잡 혀서 자신으로부터 소외되는 것이다. 일찍이 포이에르바

---

* 다음 책의 3장을 참조. 레이먼드 카버, 《제발 조용히 좀 해요》, 손성경 옮김, 문학동네 (2004).

하는 그러한 소외 현상을 인간과 신의 관계를 빌어 설명하였다. 과거에 인간은 행복과 불행이 모두 신의 뜻에 있다고 생각하였다. 불행과 역경, 고난은 인간이 신을 노하게 했기 때문이라고 보았다. 신의 분노를 누그러뜨리기 위해서는 금식을 하고 고행을 하며 고통을 감수해야 했다. 기쁨과 행복을 신에게 반납하고 자발적으로 불행한 삶을 선택하는 것이다. 이때 신은 나를 나 자신의 기쁨으로부터 소외시키는 매개자가 된다. 그 결과 내가 불행하면 불행할수록 신은 더욱더 행복해지는 반비례의 관계가 만들어진다. 외모에 의한 몸의 소외도 이러한 관점에서 이해할 수 있다. 나는 외모가 아니라 몸이다. 그런데 내가 타자의 시선에 의해 대상화되는 것이다.

최악의 경우에 자기 외모에 만족하지 못하는 사람은 다른 사람들을 불행하게 만들 수 있다. '한강에서 뺨 맞고 종로에서 화풀이 한다'는 말처럼 자신에 대한 불안과 불만을 혼자서 삭히지 못하고 외부의 대상에게 분출하는 경우가 그러하다. 길가의 강아지나 돌멩이라도 걷어차야 마음이 풀리는 것이다. 이를 심리학적 용어로 투사라고 한다. 자신의 불쾌한 마음을 다른 사람에게 전가하는 것이다. 인터넷 공간에서 다른 사람의 외모를 가지고 험담하기 좋아하는 사람들이 그러한 투사의 전형적인 예이다. '나는 밉다'라고 생각하는 사람이 남을 향해서 '너는 밉다'라고 비난하면 순간적으로나마 자기는 밉지 않은 것처럼 생각되는 것이다.

열등감이나 불만족은 공격적 에너지이다. 그것은 창이나 칼처럼 끝이 날카롭고, 자칫하면 피를 보게 한다. 열등감이 나를 향하면 내가 피를 흘리고, 타인을 향하면 타인이 피를 흘린다. 나를 향하면 내가 지옥이 되고 타자를 향하면 타자를 지옥으로 만들어버린다. 다른 사람을 미워하지 않기 위해서라도 우리는 자신을 사랑해야 한다.

나가며   자신의 몸을 사랑하라

노벨상을 수상한 미국의 작가 토니 모리슨의 소설《푸른 눈동자》에 다음과 같은 구절이 있다. "누가 그녀를 추하다고 했는가? 그런 얼굴로 태어날 바에는 차라리 병신이 되는 게 낫다고 생각하도록 만들었는가? 누가 아름다움의 기준을 세웠는가? 누가 그녀가 그런 기준에 자격 미달이라고 생각하도록 만들었는가?" 이것은 이 소설의 여주인공이 못생겼다고 손가락질을 했던 인물들에 대한 작가의 분노를 폭발적으로 표출한 발언이다. 사실 그 자체로 추한 사람은 없다. 그러나 모두가 추하다고 말하면 추한 사람이 된다.

이 책의 결론은 다음과 같다. 자신의 몸을 사랑하라. 외모가 뛰어나기 때문에 자신을 사랑할 수 있는 것은 아니다. 아름답기로 유명한 연예인들 가운데서도 자신의 몸에 불만을 가진 사람들이 적지 않다. 자신에게 불만이 많은 사람들은 상대에게서도 외모의 결함과 흠을 찾아내려고 한다. 자기 몸을 사랑하지 않는 사람이 어떻게 타인을 사랑할 수 있겠는가. 사람은 생긴 대로 논다고 하는 말이 있다. 몸의 이러저러한 특징이 외모 콤플렉스를 만들어내는 것이 아니다. 외모 콤플렉스가 있기 때문에 몸에서 그러한 결점을 찾아내는 것이다. 외모에 대한 불만족은 실체가 없는 환상이다. 그러한 환상에 자신의 몸을 먹이로 내어주기에는 우리의 몸은 너무나 소중하다.

세상에는 우리가 잘사는 꼴을 죽어도 못 보는 사람들이 있다. 마찬가지로 세상에는 우리가 자신의 외모에 만족하는 꼴을 죽어도 못 보는 사람들이 있다. 시체를 찾아 나서는 하이에나처럼 우리 몸에서 결함을 찾기 위해서 혈안이 된 사람들이다. 우리가 외모에 불만을 갖도록 강요하는 사람들이기도 하다. 우리는 이런 사람들에게 자신의 몸을 희생의 제물로 바치지 말아야 한다. 정확하게 말하면 그들은 사람이 아니라 미용산업과 성형산업, 대중매체이다. 이러한 산업은 우리의 불행을 먹고 산다. 내가 성형이나 화장을 반대하는 것이 아니다. 성형이나 화장의 도움으로 더욱 아름다워질 수 있다면 얼마나 좋은 일인가. 그러나 아름다움만을 가지고는 충분하지 않다. 기쁨이 없는 아름다움은 공허하다. 남들의 눈에 아름답게 보이는 것이 아니라 자신이 스스로 아름답다고 느껴야 한다. 이렇게 말할 수 있다. 행복한 사람은 아름답다. 그러나 아름답다고 해서 행복해지지는 않는다.

'고슴도치도 자기 새끼는 예뻐한다'는 말이 있다. '아내가 좋으면 처갓집 울타리까지 예쁘다'는 속담도 있다. 좋아하면 예쁘게 보인다. 예쁘기 때문에 좋아하는 것이 아니라 좋아하기 때문에 예쁘게 보이는 것이다. 엄마가 자기를 사랑하면 고슴도치는 자기가 예쁜 줄로 안다. 자기가 예쁘기 때문에 사랑을 받는다고 착각하는 것이다. 우리는 자신을 사랑해야 한다. 그러면 나 자신이 아름답게 보인다. 자신을 미워하면 자신이 추하게 보인다. 아름다움의 비밀은 사랑과 기쁨에 있다. 좋아하면 아름답게 보인다.

모든 생명체는 다 자신을 사랑한다. 그것은 선택 사항이 아니다. 모든 생명체는 본능적으로 자신을 사랑한다. 자기에 대한 사랑은 유전자에 입력되어 있다. 자신을 사랑하지 않는다는 것은 있을 수 없는 일이다. 그것은 사각형 원이나 뜨거운 얼음처럼 성립할 수 없는 일이다.

그럼에도 불구하고 자기를 사랑하지 않는 사람들이 있다. 자신이 추하다고 생각하는 사람들이 있다. 외모에 대한 열등감으로 괴로워하는 사람들이 있다. 거울을 보면서 자기 얼굴에서 흠을 찾아내려고 안간힘을 쓰는 사람들이 있다. 이들은 자기 자신이 아니라 다른 사람들에서 아름다움을 찾는 사람들이다. 이런 사람들은 절대로 아름다워질 수 없다. 아름다움의 비결은 사랑이기 때문이다. 그러므로 아름다워지기 위해 노력하기 전에 자신을 사랑하는 법을 먼저 배워야 한다.

참고문헌

록산 게이, 《헝거: 몸과 허기에 관한 고백》, 노지양 옮김,
사이행성, 2018.

대니얼 해머메시, 《미인경제학: 아름다운 사람이
더 성공하는 이유》, 안규남 옮김, 동녘사이언스, 2012.

데버러 L. 로드, 《아름다움이란 이름의 편견: 인간의 외모를
바라보는 방식을 리디자인하다》, 권기대 옮김, 베가북스, 2011.

움베르토 에코. 《미의 역사》, 이현경 옮김, 열린책들, 2005.

에드먼드 버크, 《숭고와 아름다움의 관념의 기원에 대한 철학적
탐구》, 김동훈 옮김, 마티, 2019.

나오미 울프, 《무엇이 아름다움을 강요하는가》,
윤길순 옮김, 김영사, 2016.

김주현, 《외모 꾸미기 미학과 페미니즘》, 책세상, 2009.

샌더 L. 길먼, 《성형 수술의 문화사》, 곽재은 옮김, 이소출판사,
2003.

데이브 히키, 《보이지 않는 용: 아름다움을 바라보는 데이브
히키의 전복적 시선》, 박대정 옮김, 마음산책, 2011.

오스카 와일드, 《도리언 그레이의 초상》, 윤희기 옮김, 열린책들, 2010.

빅토르 위고, 《파리의 노트르담》, 정기수 옮김, 민음사, 2005.

배반인문학

외모 강박

1판 1쇄 발행 2021년 5월 21일

지은이 · 김종갑
펴낸이 · 주연선

총괄이사 · 이진희
책임편집 · 유화경
표지 및 본문 디자인 · 박민수
마케팅 · 장병수 김진겸 이선행 강원모 정혜윤
관리 · 김두만 유효정 박초희

(주)은행나무
04035 서울특별시 마포구 양화로11길 54
전화 · 02)3143-0651~3 | 팩스 · 02)3143-0654
신고번호 · 제 1997—000168호(1997. 12. 12)
www.ehbook.co.kr
ehbook@ehbook.co.kr

잘못된 책은 바꿔드립니다.

ISBN 979-11-6737-024-2 (04100)
ISBN 979-11-6737-005-1 (세트)